\Hi/ NEW YORK

紐約生領路，品味**紐約**

作者：**紐約生（許培豐）**

帶你認識我眼中多元風貌的
大蘋果

紐約，是一座屬於夢想的城市。

在這座城市裡，旅人遊客紛紛來沓至，探索大蘋果，解鎖人生夢想清單；在這座城市裡，千里而來追尋夢想的人們，披星戴月，破浪斬棘，在理想的道路上努力前進。

很幸運地，我有機會來到紐約求學，與世界各地的頂尖科學家們齊聚一堂，交流激盪。從一個初來乍到的懵懂留學生，逐漸成為熟稔紐約步調的在地居民。

紐約生活邁入第十年，蘊含這座城市情懷的記憶，滿載於這本書中與你分享。

這本書，是紐約在地浪漫魅力的總和——經典雋永的餐酒館、個性鮮明的咖啡廳、耀眼出眾的獨立書店、迷人風采的爵士酒吧——帶給你最道地、最真實的紐約人日常。

這本書，是紐約居住生存攻略手冊。從食、衣、住、行、金融、購物全方位切入，完整解析紐約文化。讓你在臺灣就提前充足準備，迎接美國生活。

這本書，是美國申請留學心得指南。分享實際參與研究所招生的經驗，提供最真心的留學建議。詳細列出所有，你應該要考慮、最好先知道的出國留學關鍵。

這本書，是美國生醫博士心路歷程。那些學術訓練中的眉角細節，美國社交場合的技巧心得；那些時而文化衝擊，時而溫暖人心的紐約故事，都集結於此毫無保留。

紐約十年轉瞬而過，這座城市依然迷人眷戀。

　　透過這本書，我希望能將紐約的美麗，以最細膩的樣貌呈現給你，讓你看見我所看見的紐約——第五大道地鐵站的喧囂，深夜東村街道的熱鬧，夏日東河沁涼的微風，冬季中央公園映照白雪的暖陽。

　　我更衷心地希望，對有志來美國發展，對紐約生活有憧憬的你，這本書能成為你對紐約想像的寄託。讓書頁之間的文字與照片成為你的動力，陪伴你度過每個追逐夢想的漫漫長夜。

　　期待你來紐約的那一天，期待你享受閱讀這本書。

THE BIOLOGIST｜紐約生 (許培豐)

　　出生在臺北，居住在紐約，主修免疫學。紐約大學醫學院免疫學博士候選人，紐約大學生物學碩士。

　　高中時初訪紐約遊學，對這座城市一見鍾情。臺大昆蟲系、臺大藥理所畢業後，2016年，獨自一人來到紐約生活。熱愛大蘋果的多元文化，喜歡漫步探索紐約的細膩，迷戀城市的咖啡廳與書店。

　　2020年，深感科學家在網路聲量的不足，開始部落格寫作，希望藉由部落格與社群媒體——讓科學知識更加普及，提昇大眾對科學議題的關注，激勵未來新世代的科學家。

　　除了生物醫學專業以外，亦於社群平台定期分享紐約旅遊與在地生活。希望能以近十年的紐約生活經驗，幫助到更多有志來美國追尋夢想，對紐約旅遊生活有興趣的人們。

Blog www.thebiologist.org
f biologist.ny
◎ biologist.ny

前往部落格瞭解更多

NEW YORK

4 作者序、作者簡介

10 紐約魅力，紐約生帶你感受！

108 紐約通勤，大眾交通工具

12 令人迷戀的紐約風采
34 紐約生帶路，4條一日遊路線
40 體驗最在地的紐約生活
52 紐約人的四季遊憩方案
64 到紐約不能錯過的博物館
69 俯瞰享受紐約城市天際線
72 來紐約必看的百老匯
80 務必品嘗的紐約美食
102 紐約，越夜越美麗

110 秒懂紐約街道規則
113 行前須知，紐約地鐵的獨家「特色」
114 開始搭乘紐約地鐵
118 公車，東西向移動的重要工具
119 紐約交通必備 APP

步驟圖解，簡單好上手

124 超市自助結帳步驟
130 Chipotle 點餐步驟
146 餐廳結帳步驟
156 Outlet 行前準備步驟
161 共用洗衣房，洗衣機操作步驟
178 提款與存款操作步驟

超實用、好康資訊

17 最推薦前往 DUMBO 的交通方式：渡輪
39 紐約限定的專屬街拍
51 中央公園攻略
56 最酷的紐約市樹木地圖
58 美國登山健行路線 APP
63 我的紐約廁所地圖
77 百老匯週，買一送一最省錢

120 紐約留學，生活生存指南

122 自己煮，省錢又健康
129 外食，美味又省時
135 臺灣留學生的人氣餐廳
151 紐約留學生喜愛的穿搭風格
163 找房子，找室友
173 在新城市建立新友誼圈
176 建立在美國的信用分數
186 購物折扣找優惠

190 留學美國，十大必考慮問題

192 我適合出國唸書嗎？
193 出國念書，選擇美國的原因？
194 3個重點！幫助你選擇適合的學校
196 申請留學的準備資料
198 出國留學的預算安排
200 在美國留學，打工增加收入
201 遠距離戀愛的關鍵
202 單身與已婚的留學生活大不同
203 我說的英文，美國人聽不懂怎麼辦？
204 來美國留學的行前準備

101 紐約餐廳週，體驗米其林的絕佳時機
148 牛皮紙袋很重要！在美國不能光天化日下喝酒
150 吃貨必備！美食評價與餐廳訂位 APP
162 需要乾洗？在紐約的乾洗價格
172 使用犯罪地圖查詢紐約各區治安
178 「我再 Venmo 你」，我再轉給你的意思
179 留學生一定要知道！美國銀行常見關鍵字

185 TSA PreCheck 和 Global Entry：
臺美空中飛人必備
189 Trader Joe's 的神奇魅力
203 生活中不花錢學英文的方法
205 真正實用的打包清單 Checklist

紐約別冊

生物醫學博士之路，這幾年我學到的事

- 科學家每天在做些什麼 02
- 美國生物醫學博士班的申請過程 03
- 最重要的抉擇：選擇指導教授 05
- 往獨當一面的科學家前進 08
- 最後一哩路：畢業論文口試 12
- 和全世界交朋友：學生會活動主席 14
- 美國博班的訓練重點：電梯報告 15
- 研究生的省錢小撇步 17
- 用臺灣美食讓外國人品嚐臺灣味 18
- 參加學術研討會如何準備 20
- 內向人的社交指南 23
- 留學生常見的心理狀態：冒名頂替症候群 25
- 適合做科學研究的特質 26
- 在美國，人脈很重要 27
- 多元紐約，多彩文化 29
- 感受多元魅力，創造屬於你的紐約經驗 32

Ph.D. Notebook

臺灣太雅出版編輯室提醒

出發前,請記得利用書上提供的通訊方式再一次確認

每個城市都是有生命的,會隨著時間不斷成長,「改變」於是成為不可避免的常態,雖然本書的作者與編輯已經盡力,讓書中呈現最新的資訊,但是,仍請讀者利用作者提供的通訊方式,再次確認相關訊息。因應流行性傳染病疫情,商家可能歇業或調整營業時間,出發前請先確認。

資訊不代表對服務品質的背書

本書作者所提供的飯店、餐廳、商店等等資訊,是作者個人經歷或採訪獲得的資訊,本書作者盡力介紹有特色與價值的旅遊資訊,但是過去有讀者因為店家或機構服務態度不佳,而產生對作者的誤解。敝社申明,「服務」是一種「人為」,作者無法為所有服務生或任何機構的職員背書他們的品行,甚或是費用與服務內容也會隨時間調動,所以,因時因地因人,可能會與作者的體會不同,這也是旅行的特質。

新版與舊版

太雅旅遊書中銷售穩定的書籍,會不斷修訂再版,修訂時,還區隔紙本與網路資訊的特性,在知識性、消費性、實用性、體驗性做不同比例的調整,太雅編輯部會不斷更新我們的策略,並在此園地說明。您也可以追蹤太雅IG跟上我們改變的腳步。

◎ taiya.travel.club

票價震盪現象

越受歡迎的觀光城市,參觀門票和交通票券的價格,越容易調漲,特別Covid-19疫情後全球通膨影響,若出現跟書中的價格有落差,請以平常心接受。

謝謝眾多讀者的來信

過去太雅旅遊書,透過非常多讀者的來信,得知更多的資訊,甚至幫忙修訂,非常感謝大家的熱心與愛好旅遊的熱情。歡迎讀者將所知道的變動訊息,善用我們的「線上回函」或直接寄到taiya@morningstar.com.tw,讓華文旅遊者在世界成為彼此的幫助。

紐約魅力

NEW YORK，紐約生帶你感受！

NY

「美國是美國，
　　紐約是紐約。」

紐約是美國最大的都市，但卻是最不美國的城市。在這裡，你完全不需要開車；在這裡，超過1/3的人口都是在外國出生；在這裡，深夜時刻你依然可以享用到世界各地正宗的佳餚美饌。紐約經典的人氣美食、充滿個性的小眾咖啡廳、獨立書店與唱片行，更不用提遐邇聞名的博物館、百老匯、城市天際線與爵士酒吧。在紐約，你可以找到所有你熱愛的美好事物；在紐約，你可以感受到前所未有獨一無二的都市魅力。

令人迷戀的紐約風采

如果城市是人的話,固然,外貌和長相相會最先引人注目;然而,一個人的成長故事、談吐氣質、學識底蘊,這些歷經時間淬煉後的特質,才是真正讓我們喜歡上一個人的原因。與你分享那些令人難以忘懷,想要多次造訪的紐約景點。他們是紐約之所以為紐約,大蘋果之所以獨特的魅力所在。

漫步電影場景裡

布魯克林大橋

Jane's Carousel旋轉木馬，如夢幻般佇立在布魯克林大橋與曼哈頓高樓背景周圍

**不只是一座橋，
更承載了歷史、文化與街道魅力**

　　1883年完工，採用哥德復興式風格的布魯克林大橋，是當時世界上最長的鋼索斜張懸吊橋，同時也是第一座橫跨紐約東河的大橋。與曼哈頓大橋(Manhattan Bridge)、威廉斯堡大橋(Williamsburg Bridge)以及皇后區大橋(Queensboro Bridge)，共同肩負起曼哈頓連結布魯克林與皇后區交通的重責大任。而在這些橋樑中，曾經現身在《慾望城市》、《我是傳奇》、《曼哈頓奇緣》等等無數影視作品裡的布魯克林大橋，絕對是最經典、最能夠象徵紐約的世界級地標。

　　來逛布魯克林大橋，不是只有行走在這座橋樑上而已，大橋附近的街區DUMBO(Down Under the Manhattan Bridge

Overpass)區與布魯克林高地，更是好逛好拍、值得你待上一整天細細品味的魅力地區。要如何開始體驗這些地區的魅力呢？我最推薦的方式，是搭乘渡輪由北向南，直接前往布魯克林大橋旁的DUMBO渡船口。原因在於，這條渡輪路線會連續穿越布魯克林大橋與曼哈頓大橋下方，宛若徜徉於這兩座橋的下方，你可以親身感受紐約經典橋樑們的雄偉壯觀。除此之外，當渡輪在東河河面上行駛時，你還能夠近距離欣賞美麗的曼哈頓城市天際線。記得一定要登上渡輪的2樓甲板，更不要忘記先把相機準備好，捕捉這充滿紐約魅力的時刻。

布魯克林DUMBO：
美食、美景、散步行程一把抓

下船後，你直接就身處在布魯克林最靠近曼哈頓高樓群的絕佳位置，可以在附近沿著河岸盡情欣賞這片美景。嘴饞的話，渡船口附近有Shake Shack、兩間紐約知名的比薩餐廳Juliana's和Grimaldi's Pizzeria、以及冰淇淋Brooklyn Ice Cream Factory(不推薦%Arabica咖啡廳，因為在紐約有更多更好的選擇)。接著你可以沿著Water街漫步，來到布魯克林大橋與曼哈頓大橋的中間，即著名的DUMBO區。

推薦可以前往由充滿歷史感的倉庫改建、現由國際知名生活雜誌《Time Out》設立經營的美食市集Time Out Market New York。這座兩層樓的美食市集，匯集了紐約各國料理佳餚，從熱門的紐約早午餐鬆餅Clinton St. Baking Company、紐約經典貝果名店Ess-a-Bagel到拉麵沾麵的人氣餐廳Okiboru等，料理選擇非常豐富。市集的樓頂還有酒吧以及露天陽台，可以讓你從不同的角度，欣賞布魯克林大橋、曼哈頓大橋以及曼哈頓的摩天高樓景致。

搭乘渡輪可以直接抵達DUMBO區最接近曼哈頓的絕佳觀景點

而在市集的旁邊，就是布魯克林知名的Jane's Carousel旋轉木馬——在摩天高樓與都市橋樑之間，佇立著這座由玻璃帷幕所籠罩著的旋轉木馬；在河岸綠地上，浪漫而夢幻般地存在著。旁邊的Pebble Beach，沒有設立柵欄邊界的沙灘，很適合坐在河邊，時而欣賞眼前的天際線美景，時而看著遊客們戲水歡笑，是我很喜歡一個人坐著放空的推薦地點。這片沙灘與旁邊的旋轉木馬，也是許多紐約人結婚拍婚紗的熱門景點呢！

經典場景，是絕不能錯過的重要行程

繼續沿著Water街散步，來到與Washington街交叉口。這裡就是紐約意象的經典代表：DUMBO曼哈頓大橋觀景點。為什麼是經典呢？因為曼哈頓大橋的橋墩，恰好不偏不倚地坐落在街道兩側建築的中間，橋的角度和位置均完美。更巧的是，從橋墩中間的縫隙望過去，遠處的帝國大廈正好出現在縫隙中間，雙重經典的完美巧合，絕對是你來布魯克林必訪的景點。

拍完照後，轉向沿著Washington街往南走(如果想要在登橋前喝杯咖啡小憩一下的話，推薦附近的Devoción，是我最喜歡的紐約咖啡廳之一)，經過Prospect路口後的橋樑底下，就是布魯

1.這幅DUMBO曼哈頓大橋畫面已成為紐約的經典意象。吸引了世界各地無數的遊客來訪／2.下船後可沿著Water街散步，沿途好逛好拍且會經過美食市集。是我最推薦的散步路線

克林大橋的登橋處。沿著樓梯上去，視野豁然開朗，也來到了這趟行程的壓軸好戲——布魯克林大橋。我最推薦布魯克林大橋的散步方向，是像這樣由布魯克林走向曼哈頓，你可以很順地享受迎面而來的曼哈頓下城天際線景觀，不需要一直停下來回頭張望。如果此刻剛好是日落時分的話，你還可以看到逐漸點上燈火的曼哈頓摩天高樓群。「夜晚才正要開始呢！」一邊看著眼前繁華美麗的都市，一邊不由自主地發出讚嘆。

週末漫遊，
跳蚤市場與布魯克林高地長廊

如果剛好在週末假日前來，不妨前往探索位於曼哈頓大橋橋下拱門的布魯克林跳蚤市場(Brooklyn Flea)，這是紐約著名的二手衣服、飾品或藝術品的市集。是一個體驗布魯克林氣氛與魅力的好去處。另外，如果想要多深入布魯克林的話，推薦可以前往布魯克林高地(Brooklyn Heights)，這個區域就位在DUMBO渡船口的南側，觀光客較少，是布魯克林最昂貴的高級住宅區。

同場加映推薦：沿著布魯克林高地長廊(Brooklyn Heights Promenade)漫步，這是一條蓋在環河快速道路上方的人行道

1.布魯克林高地長廊，是當地居民運動散步的場所。有許多明星藝人都住在這附近／2.登上布魯克林大橋，視野豁然開闊。微風輕拂，一邊欣賞絕美天際線，一邊漫步走向曼哈頓，非常愜意

長廊。在這裡，你可以把布魯克林大橋與曼哈頓摩天大樓全部納入眼底；天氣好的時候，還可以眺望遠處的自由女神像呢！許多住在附近的居民們，在這條長廊上散步、慢跑或遛狗；或者帶著一本書，坐在長板凳上，一邊享受眼前的景致，一邊聆聽喜歡的音樂，自由地馳騁在閱讀的樂趣中。而漫步於此處的你，此刻彷彿也生活在這裡，享受著這充滿布魯克林魅力的質感生活。

最推薦前往DUMBO的交通方式：渡輪

名為NYC Ferry的紐約渡輪，2017年開始營運，現已成為全美國最大的客運渡輪船隊。主要服務範圍集中在紐約東河的兩岸，串連由北而南像是上東區、中城、羅斯福島、長島市、華爾街，以及威廉斯堡、DUMBO、甚至Bay Ridge與Rockaway。對於需要往返東河沿岸的紐約居民而言，是非常方便穩定的運輸工具。

我以前住在羅斯福島時，就是每天通勤搭乘渡輪，往返位在中城的醫學院。不僅對紐約居民很便利，渡輪對遊客而言，能夠在河面上近距離欣賞曼哈頓的城市天際線，徜徉穿梭於橫跨東河的大橋之間，更是一個特別的紐約體驗。在所有的渡輪路線中，最棒的體驗紐約路線，是串連布魯克林Greenpoint、威廉斯堡與DUMBO區的East River Route，這也是我最推薦前往布魯克林大橋的方式。

http www.ferry.nyc

搭乘渡輪記得上2樓甲板，乘風破浪欣賞曼哈頓的美景

值得注意的是，電子票券買好之後，還需要再點選啟動(activate)才算是有效的乘船券。點選啟動後，票券經過一段時間就會失效，所以記得登船前再啟動。

NYC Ferry APP

NYC Ferry乘船券購票方式

除了渡船口現場有售票機外，直接在NYC Ferry APP裡利用電子錢包或信用卡購買電子票券，是最方便的方式。只要登船前，將實體票或電子票展示給驗票人員即可。

渡輪上絕佳位置，拍出美麗紐約天際線

如果是搭乘由北往南路線的話，記得選擇坐在右側靠窗面向曼哈頓的位置；或者也可以一登船後就直接往渡輪後方，走上樓梯前往2樓甲板，視野會更佳，也更適合拍出美麗的紐約天際線照片。

多元文化潮流匯集地
東村・下東區
East Village
Lower East Side

用各國道地美食體驗
東村魅力

1.走在白天的東村，往來的人們散發著從容自在的活力與自信／2.夜晚的東村，多采多姿的夜生活等待著你來探索

　　東村(East Village)是美國龐克搖滾的誕生地，也是紐約年輕潮流文化的匯集地。走在東村街道上，輕鬆自在的氣氛瀰漫在空氣中，充滿活力的人們熙來攘往，來自世界各地不同國家的文化與美食齊聚於此。東村，同時也是紐約週末夜晚最熱鬧的地區之一，充滿著各種餐廳、酒吧、夜總會、音樂表演、喜劇俱樂部等等多采多姿的夜生活。

　　想要體驗東村的魅力，一定不能錯過的散步路線就是St Marks Pl與東9街，這兩條平行的街道是最能夠感受東村多元文化的標誌性象徵——臺菜料理名店886、日本蕎麥麵代表Sobaya、人氣居酒屋Yakitori Taisho與KENKA、正宗日本喫茶店咖啡Hi-Collar，都在這兩條街上。

繼續往東走，在第一大道和第二大道上，你可以找到紐約最有名的烏克蘭餐廳Veselka、義大利料理名店San Marzano，以及大名鼎鼎的非傳統拉麵餐廳Momofuku Noodle Bar。再往東走，以麻辣香鍋聞名的中式料理MáLà Project、特色風味的摩洛哥料理Cafe Mogador、以釜山為靈感的新興韓國餐廳ARIARI就近在咫尺。喜歡享受週末夜晚微醺感的朋友，更是不要錯過東村最具代表性的兩間調酒酒吧：Death & Co East Village與Please Don't Tell。

承載移民歷史與各國文化的
下東區

接著往南邊走，越過Houston街，來到了稱為下東區(Lower East Side)的區域。這裡是曼哈頓最早被開發的地區之一，街道命名依然維持當年的色彩，而非紐約常見的數字規則。

與東村的氛圍類似，下東區也是充滿精采豐富的夜生活與世界各地的道地美食——知名的現場音樂表演場地The Bowery Ballroom、我最喜歡的澳洲早午餐餐廳Sonnyboy、細節之處盡顯復古元素、連韓國電視台也報導的韓國司機食堂Kisa、我私心推薦的精緻文青風格、日式早午餐小店Davelle、暖心暖胃、總是門庭若市的粵式煲仔粥名店Congee Village，以及幾乎與紐約畫上等號、舉世聞名超大分量的煙燻肉三明治Katz's Delicatessen猶太傳統餐廳。各國文化百花齊放的下東區，是紐約人們週末娛樂聚會，最受歡迎的區域之一。

值得一提的是，由於下東區是早期來到紐約的移民們，最早定居的區域之一，因此除了有著許多各國傳統美食，用以撫慰第一代移民們思念家鄉的心情以外，這一帶也有許多的猶太教堂或寺廟宗祠，反映出下東區那段充滿移民歷史的色彩。

多元文化兼容並蓄的下東區。圖為近年來人氣高漲的韓國復古司機食堂

令人迷戀的紐約風采　NY　19

街道是歷史與時尚的伸展台

蘇活區
SoHo

鋪滿鵝卵石的街道也是SoHo區的一大特色

時尚品牌以外的獨特亮點：美麗卻短暫的鑄鐵建築

　　名稱源自South of Houston Street，簡稱SoHo。蘇活區是一片南北介於Houston街與Canal街、東西介於Crosby街與第六大道的區域。儘管蘇活區最廣為人知的，是全世界時尚品牌的一級戰區，從高級奢華到平價親民、從正式套裝到運動休閒，所有潮流品牌齊聚一堂；然而很多人可能不知道的是，蘇活區內，同時也收藏有全世界最多的鑄鐵建築(cast-iron architecture)，多達近250座！

　　什麼是鑄鐵建築呢？這是一種19世紀美國發明的建築方式。由於鑄鐵柔韌易塑，製作過程容易，而且強度高、工時短、價格便宜，因此是一種當時很流行的建築材料。不過後來人們發

現，鑄鐵建築有一個大缺點：不耐熱且受熱遇冷水後甚至會斷裂。因此在消防法規的調整之後，鑄鐵建築在20世紀初，便退出了時代的潮流。

歷史底蘊與時尚潮流的雙重風采

今日的蘇活區，有兩條街道是最能夠體驗這個街區，過去與現在完整版的魅力：第一條是大家都很熟悉的Broadway大道，這條貫穿曼哈頓最重要的道路，在蘇活區這個街區內佇立了琳瑯滿目的服飾精品店，是享受購物與現代流行的好地點；第二條街道是可能比較少人聽過，但坐擁眾多美麗鑄鐵建築的Greene街。

具體來說，建議可以從Greene街與Canal街的交叉口開始，沿著Greene街向北走，布滿鵝卵石的街道，充滿歷史與藝術美感的鑄鐵建築，如電影場景般最經典的蘇活區畫面，躍然出現於你眼前。鑄鐵的強度所支撐的大面積窗框與挑高天花板，鑄鐵的柔韌所形塑出的細緻華麗構造，是鑄鐵建築最大的特色。值得注意的是，Greene街右側8號到34號這一段，是全世界最長的鑄鐵建築群。其中，1873年完工的28-30號，更是被稱為「Queen of Greene Street」的美麗建築，華麗的馬薩式屋頂是這座建築最大的特徵。

最後還有1872年建造，法國文藝復興風格的72號建築，是蘇活區中最複雜構造的鑄鐵建築，被稱為「King of Greene Street」。有機會來蘇活區的話，除了享受時髦的紐約購物體驗外，不妨也可以抬頭看看周圍美麗的建築，感受這座城市深厚的歷史底蘊與藝術氣息。

Broadway大道上有著眾多的商品服飾店，有些紐約人把這裡戲稱為shopping mall

浪漫不羈的文藝靈魂

格林威治村・西村
Greenwich Village
West Village

位在華盛頓公園廣場內的拱門，既是格林威治村的代表，也是紐約大學的精神象徵

華盛頓公園廣場：
格林威治村的文化經典象徵

　　詩人、音樂家與作家。19世紀末20世紀初的格林威治村，是文人雅士與藝術名人交流薈萃之地，是與巴黎塞納河左岸齊名的文學藝術天堂。時至今日，儘管高昂的房租使不少藝術家紛紛搬離此區，格林威治村仍舊保有那獨特的文藝氣息。此區的最大綠地：華盛頓公園廣場(Washington Square Park)，更是格林威治村的代表性象徵。由於許多紐約大學的重要建築物，圖書館、學生活動中心以及學系系館大樓，皆佇立圍繞於此，因此華盛頓公園廣場也被認為是紐約大學的非官方校園。

　　在課間或午餐時間，你常常會看見學生們齊聚於此、或坐在公園中央的噴水池旁、或坐在走道兩側的板凳上、甚至就在旁

邊的草皮席地而坐，聆聽著鋼琴家或爵士樂手們的演奏、享受著明媚的陽光與如茵的綠地、或什麼都不做發呆看著往來的人們。廣場北方的華盛頓廣場拱門(Washington Square Arch)，是這座公園的地標，設計靈感源自巴黎凱旋門，同時也是曼哈頓第五大道的起點。

文豪、藝術與音樂翹楚薈萃的一條街：
MacDougal Street

位在廣場西南側的MacDougal街，是你來到格林威治村絕對不能錯過的街道。各式各樣的餐廳、酒吧、劇場與俱樂部齊聚在這短短數百公尺內。

1927年開業的義大利咖啡廳Caffe Reggio，是全美國第一家提供卡布奇諾的咖啡廳，曾經出現在經典黑幫電影《教父2》當中。而數步之遙的法式餐廳Minetta Tavern，1937年創立，更是吸引了當年無數文藝知識分子的造訪，像是對美國文學有極深遠影響的小說家海明威、《大亨小傳》的作者費茲傑羅、美國著名詩人埃茲拉・龐德、美國劇作家諾貝爾文學獎和普利茲獎得主尤金・歐尼爾，都是這間餐廳的座上常客。而在更早的禁酒令期間，這棟建築物的地下室內，全世界最暢銷的雜誌《讀者文摘》，正是在此創刊。

在餐廳對面的表演空間「Cafe Wha?」，同樣也是滿載歷史與傳奇，包括諾貝爾文學獎得主創作歌手巴布・狄倫、金球獎終身成就獎導演音樂家與劇作家伍迪・艾倫、被認為是史上最具有影響力的單口喜劇演員李察・普瑞爾，他們都是在這裡初試啼聲，開啟了未來的演藝生涯。今日的Cafe Wha?，依然是許多新銳樂團歌手們展現優秀實力的音樂空間。喜歡搖滾、民謠或是單口喜劇的朋友們，有機會的話不妨來這個經典的傳奇場地，體驗現場表演的魅力。

在格林威治村MacDougal街的Cafe Wha?，是紐約的傳奇經典表演場地

18世紀的街道與同志人權運動發祥地

接著往南走,右轉進入Bleecker街,這是一條連結NoHo區、格林威治村與西村,沿途有許多餐廳與咖啡廳,能夠同時感受曼哈頓過去歷史與現代魅力的美麗街道。沿著Bleecker街漫步,越過第六大道以後,我們來到了西村。一進入西村,你會馬上感受到此區的街道風情獨樹一幟,與周圍地區截然不同,非棋盤格狀的道路命名,狹窄的人行道,偶然遇見鋪滿鵝卵石的街道,以及兩側一棟棟紅磚石牆的townhouse,都保留了18世紀原本街道的設計樣貌,西村是一個充滿歷史感的街區。

從Bleecker街轉向第七大道,幾個路口後來到了西村最知名的中心地區:Christopher街,從1970年代開始,這裡就是紐約LGBTQ+族群的聚集地之一。其中,一間名為石牆酒吧(Stonewall Inn)的同志酒吧,是70年代美國同志人權抗爭運動的發源地。時至今日,此處已經成為同性戀權利運動的重要象徵,也是每年6月在紐約市舉辦、全世界最盛大的同志遊行「紐約市LGBT驕傲遊行」的必經之地。

西村是LGBTQ+族群人權運動重要的指標性地點

充滿大人感的西村風情

白天漫步穿梭於西村的街道之間,是一件非常浪漫愜意的事情;而夜幕低垂的西村,更是展現了截然不同的迷人樣貌──各式各樣的餐酒館與爵士酒吧林立,充滿著屬於大人感的成熟魅力。如果你也是爵士樂迷的話,入夜後的西村與格林威治村,絕對是你必來的聖地,Village Vanguard、Blue Note、Smalls Jazz Club以及Mezzrow,這些不同年代的經典紐約爵士酒吧,皆坐落在這短短數百公尺的街道上。也因此你常會看到不少爵士樂迷們,一個晚上連續拜訪好幾間爵士酒吧呢!

或許是如此獨特的浪漫氛圍,西村也集結了許多紐約高人氣的法式料理與義式餐廳。之前跟你介紹過、受到許多紐約人喜愛的Boucherie,在西村就開設了兩間分店。

除此之外,源自紐約、紅回巴黎、甚至在東京與首爾都設立分店的法式早午餐Buvette,以佛羅倫斯料理為靈感、曾被紐約時報美食評論評為紐約最佳義式餐廳的Via Carota,主打托斯卡尼料理、超難訂位的人氣名店I Sodi,知名雙層義式酒館、白天夜晚都浪漫氣氛滿點的L'Artusi,還有以白色木質鄉村風格為基調、能在放鬆空間裡享用義式美食的Rosemary,都是我非常喜歡、兼具美味料理與迷人氛圍的浪漫餐廳。

你準備好來到格林威治村與西村,一起體驗那充滿浪漫不羈,又有藝術氣息的獨特氛圍了嗎?

夜晚的西村有許多浪漫的餐廳,是約會聚餐的好選擇

過去與未來，工業與藝術的交會點

雀兒喜 Chelsea

曾經的工業區，工廠與倉庫林立的雀兒喜，現已成世界聞名的文化藝術街區

經典行程：
空中鐵道公園與雀兒喜市場

　　19世紀初的雀兒喜，是中產階級們的住宅區。19世紀末，由於哈德遜河沿岸的工業化，加上高架鐵路的興建，許多商店、商業娛樂活動逐漸增加；而後續各種工廠倉庫或肉品包裝廠的設立，使得大批移民湧入此區工作。到了1960年代，因為工業區的衰退，許多工廠與倉庫紛紛閒置，吸引了眾多藝術家與音樂家入駐。到了這個世紀初，雀兒喜化身為紐約最流行時髦的地區。時至今日，擁有為數眾多畫廊與展演空間的雀兒喜，儼然成為紐約藝術街區的代名詞。

　　來到雀兒喜，最經典一定不能錯過的，就是紐約空中鐵道公園(High line)了。這是一條由廢棄的高架鐵路改建而成的都

市空中花園步道,是世界知名的都市再生計畫的成功案例。除了空中步道本身充滿獨特魅力以外,High Line周邊景點的魅力也不遑多讓,最有名的莫過於緊鄰High Line的雀兒喜市場(Chelsea Market)。這是一個由食品工廠改建(Oreo餅乾就是在這裡被發明與生產的)集結了豐富多樣的餐廳、酒吧、服飾店與書店的室內市集。

如果你也是海鮮控,絕對不要錯過市場裡面的龍蝦市集(Lobster Place)。推開門,撲鼻而來的是漁市場海鮮味,放眼望去是新鮮的壽司、牡蠣與生魚片。個人最推薦他們家的清蒸龍蝦(Steamed Lobster),能夠豪邁地享受一整隻龍蝦的鮮甜原味與Q彈肉質,是我每次在紐約想要大快朵頤龍蝦時的不二選擇。享受完海鮮後,推薦前往市場內的布朗尼專賣店Fat Witch Bakery,多樣口味的布朗尼,精緻富有特色的包裝,不僅是美味的餐後甜點,也是很棒的回臺灣伴手禮選擇。

儘管雀兒喜市場早在1997年就開幕,但是這座市場一點也不顯得過時,反而隨著時代不斷進化,每過一陣子就會出現新的潮流商家與餐廳。2025年全美國第一家無印良品餐廳(MUJI Food Market)更是開幕於此。若你來到雀兒喜的話,非常推薦前來這座市場,在這座超過百年歷史的工廠內,享受最新潮流的美食佳餚。

1.非常推薦雀兒喜市場裡的海鮮市集!除了清蒸龍蝦外,龍蝦三明治與巧達濃湯也是不少遊客的選擇/2.雀兒喜市場內還有一間溫馨的小書店,提供許多紐約主題小物。有機會不妨帶一些紀念品回家吧

星巴克粉絲的必訪清單＋完美散策行程

離開雀兒喜市場，正門右轉數步之遙，就是全世界僅有6間(紐約、東京、西雅圖、芝加哥、米蘭與上海)的星巴克臻選烘焙工坊(Starbucks Reserve Roasteries)。除了店鋪專屬與季節限定的咖啡飲品外，出乎意料美味的三明治麵包，融合星巴克咖啡的雞尾酒酒單，以及各式各樣紐約店專屬的咖啡杯與特色產品，絕對是喜愛星巴克的你，不可錯過的必訪店家。

買好咖啡了嗎？天氣好的話，不妨前往河邊散步吧！沿著鋪滿鵝卵石的14街向西走，經過一整區的工廠與倉庫，穿過High Line高架公園以後，迎面而來的是一片宛如漂浮在河面上的小島公園。這座名為Little Island的人工島公園，於2021年開幕，是紐約人最新的海上休憩綠洲，彷彿鬱金香般的建築支柱外觀，是這座小島最大的特色。小島上不僅有露天劇場，還有高低錯落的小丘陵山坡，很適合一邊散步享受著悠閒的氣氛、一邊眺望曼哈頓金融區的都市美景，用不一樣的角度來欣賞這座城市。

Little Island面積不大，但布滿了美麗的花朵與植栽，逛起來十分舒服

過往的榮光與藝術家的繆思

在Little Island的入口處,有一座充滿歷史感與鐵鏽的拱門,宛如被世人遺忘,與旁邊新落成的人工島公園形成強烈的對比。這座拱門是什麼呢?其實在Little Island誕生之前,此處更廣為人知的名稱是54號碼頭。而54號碼頭,是上個世紀初,往返紐約與倫敦跨大西洋航線的登船口,是一個非常繁忙的碼頭。當年鐵達尼號悲劇發生後,生還者們即是在此登陸紐約的。而這座被刻意保留的拱門,正是當年航運公司建築的遺跡,也標誌著此處一段重要的歷史。

若對這段歷史有興趣的話,不妨可以繼續往南走,你會看到一座由紅磚與鑄石建造的喬治亞式建築,這座名為The Jane Hotel的飯店,1908年完成,最早是水手們在岸上住宿的旅社,現在則轉型為精品旅館。這間飯店也是當年鐵達尼號生還者們的住宿旅館之一。

最後,說到雀兒喜的旅館,不能不提位在23街與第七大道的雀兒喜旅館(The Hotel Chelsea)了。1883年開業,當年這裡是紐約熱鬧的劇院區,這是一棟樓高11層、紅磚外牆與黑色陽台、外觀非常顯眼、眾多名人曾經居住並在此誕生藝術作品的繆思旅館。除了美國文豪馬克吐溫以外,亞瑟·克拉克在此寫下了代表作《2001太空漫遊》,安迪·沃荷(Andy Warhol)在此創作了電影《切爾西女孩》、瑪丹娜在此拍攝其首本寫真集。

這座旅館,或許正是雀兒喜這區的縮影,有著豐富的歷史以及迷人的藝術風貌。有機會的話,不妨來體驗看看雀兒喜這獨特的魅力吧!

雀兒喜旅館時至今日仍有名人入住。飾演《愛在》三部曲裡男主角傑西的伊森·霍克(Ethan Hawke),當年與鄔瑪·舒曼(Uma Thurman)離婚時就曾搬入住於此

> 文青潮流聖地

威廉斯堡・布希維克
Williamsburg
Bushwick

威廉斯堡的河岸邊，非常適合在這裡
度過悠閒愜意的午後

時尚潮流與個性小眾兼具的
威廉斯堡

說到布魯克林，你腦海裡第一個浮現的畫面是什麼呢？紅磚工廠與倉庫林立的社區？布滿塗鴉與街頭藝術的轉角？還是散發時尚潮流與年輕氛圍的街頭？與曼哈頓一橋之隔的威廉斯堡（Williamsburg），正是集結了這些想像，充滿布魯克林意象的人氣魅力地區。

搭乘地鐵L線，通過14街河底隧道後抵達位於布魯克林的第一站：Bedford Ave。一出站來到地面，你可以立刻感受到與曼哈頓截然不同的潮流氣息。非常推薦沿著Bedford Ave或Berry St這兩條互相平行的街道散步，沿路上有著許多豐富個性的獨立小店、特色鮮明的餐廳以及充滿活力的酒吧。逛街逛累了

嗎？威廉斯堡也擁有眾多獨樹一幟、只有在紐約才喝得到的咖啡廳。像是復古鐵鏽風，店後方還有一個充滿末日風格戶外花園的Black Brick Coffee；2003年創立於威廉斯堡，現拓展至曼哈頓的獨立咖啡廳Oslo Coffee Roasters；而同樣源自威廉斯堡，自家烘焙咖啡豆的Partners Coffee，更是我每次來威廉斯堡必訪的咖啡廳，尤其是位於N 6街的創始店，時髦的挑高天花板與大面積窗戶，是體驗威廉斯堡潮人文青氣息的最佳場所。

喝完了咖啡充飽了電，午餐要吃什麼呢？可以試試看創立於威廉斯堡的美國南方靈魂料理名店Sweet Chick，他們家的Classic Chicken & Waffles絕對是必點的經典美食。不遠處的泰式人氣餐廳Sea Thai Brooklyn，是想要品嘗亞洲菜時很不錯的選擇，店內甚至還有充滿泰國風情的水池。

而說到威廉斯堡的亞洲料理，就不能不提近年新開幕，來自日本神奈川的超人氣拉麵阿夫利(Afuri ramen + dumpling)。這間在威廉斯堡由工廠改建而成的分店，是全紐約第一間店。店內空間寬敞舒適，很適合在炎炎夏日午後，來上一碗淡麗清爽的柚子鹽味拉麵。

1.創立自威廉斯堡的Partners Coffee創始店，店內常常高朋滿座／2.威廉斯堡工廠改建的紐約阿夫利，有挑高空間與吧檯座位。一個人來用餐也非常合適

用音樂與散步，
欣賞曼哈頓下城區的天際線景色

吃完飯後沿著河邊漫步如何呢？推薦可以往西邊走，沿著Kent Ave，一路上你會遇見許多運動跑步或騎腳踏車的人們。接著轉彎進入Marsha P. Johnson State Park，這是我私心最喜歡的紐約河濱公園之一。在這裡，你能夠一覽無遺地欣賞從曼哈頓中城到上東區完整的城市天際線，甚至可以坐在沙灘上，在河岸邊零距離盡情享受眼前的美景。帶上一本喜歡的書，用簡潔慵懶的Lo-fi音樂清單搭配眼前的城市景觀，在這裡度過悠閒放鬆但充實的午後。接著欣賞曼哈頓的夕陽彩霞，心滿意足地回家。

未來的威廉斯堡，前衛流行藝術創作與個性咖啡廳產地
布希維克

曾經繁華的工業區或商業中心，產業衰退後的高犯罪率與空屋，由於低房租而入住的藝術家與嬉皮士，受到漸增的文藝氣息吸引而遷入的中高收入富人，最後因無法負擔高房租而搬出的藝術家──如此仕紳化的過程，不斷地在紐約上演。從蘇活區、格林威治村、西村、再搬到雀兒喜，紐約藝術家們不斷地遷移，越遷移越遠離市中心。

而離曼哈頓一河之隔的威廉斯堡，是這個世紀初嬉皮士與藝術家們的匯集地，是當時獨立搖滾與電子音樂的聖地。但現在的威廉斯堡，其實已進入了高房租階段；的確仍有不少文青雅痞人士居住於此，但更多的藝術家們，已經把工作室與

1.與重要的人一起分享美麗的時刻，就算什麼都不做，也會成為最美好的回憶／2.除了地鐵L線以外，J、M、Z線也是前往威廉斯堡與布希維克很重要的地鐵路線／3.走在布希維克街頭，隨處可見充滿創意與紐約特色的藝術塗鴉作品

創作活動搬到離曼哈頓更遠、更往布魯克林深處的布希維克(Bushwick)，這裡是紐約最前衛流行的街頭藝術創作產地，是一個正在進化中的社區。

來場咖啡廳巡禮與沉浸藝術潮流氛圍中

有機會來到布希維克的話，千萬不要錯過眾多個性鮮明的咖啡廳──布希維克在地精緻小規模烘焙，2019年被美食雜誌《Food & Wine》評為全美最佳咖啡廳的SEY coffee；充滿布魯克林本地風情，氛圍愜意的社區咖啡廳Nook；來自丹麥，融合北歐簡約與亞洲禪意，全美國僅紐約有的La Cabra；以及源自西雅圖，從店員到店內空間都瀰漫獨立搖滾氣息的Caffe Vita──布希維克可以說是絕佳的cafe hopping(一天內同時探訪多間咖啡廳)好去處！由工廠改建的藝術創作空間，充滿性格特色的小眾咖啡廳，街頭塗鴉藝術的奔放不羈。可以預見的，布希維克將會是下一個威廉斯堡。

現在與未來，威廉斯堡與布希維克。紐約之所以為紐約，不僅是因為那些歷經時間淬煉後的特質；更重要的是，她是一座不斷在進化的城市。不同的地區，不同的年代，展現出不同的樣貌。不論來過幾次紐約，每一次造訪大蘋果，這座城市絕對能夠帶給你不一樣的魅力與感動。

1.Caffe Vita布希維克分店開設在一個看起來荒涼無人的工廠區內。讓人不禁懷疑店內真的有顧客嗎？沒想到真的還不少人／2.La Cabra的布希維克分店空間最寬敞舒適，而且後方還有自家的咖啡烘焙坊

紐約生帶路，4條一日遊路線

豐富多元的大蘋果，我幫你安排好了4種不同魅力的完整一日行程，連早午晚餐都幫你決定了，只要照行程走即可！

以從臺灣來紐約玩普遍待上7天左右為例，這4個行程可直接套用一天一個，剩下3天的行程，建議一天去看百老匯秀，一天逛自由女神、華爾街金融區、時報廣場或中央車站，最後一天自由購物，安排第五大道、SoHo或梅西百貨採買，讓你的心靈與行李都滿滿充實地回臺灣。

Big Apple

雀兒喜高線公園
文藝提案

1.來到The Whitney博物館，記得不要錯過樓頂的隱藏版觀景台／2.能在空中穿梭於大樓間探索紐約，是High Line最大的魅力／3.紐約星巴克臻選烘焙工坊的人潮總是絡繹不絕

早晨享用早午餐Freemans或Clinton St. Baking Company。中午前往The Whitney，可在此度過一個下午或1～2個小時簡單體驗美術館。下午探訪雀兒喜市場，品嘗紐約第一名的墨西哥塔可餅Los Tacos No. 1，並朝聖全球僅6間的星巴克臻選烘焙工坊。吃飽喝足後，登上空中鐵道公園感受穿梭都市叢林的愜意。晚餐在Keens享用美味的乾式熟成牛肉後。

想要感受紐約夜生活？推薦前往牛排館隔壁(真的是隔壁)的Bo Peep，享受音樂與微醺的氣息，體驗紐約的夜晚魅力。

- Freemans 或 Clinton St. Baking Company
- 搭乘地鐵
- The Whitney
- 步行
- 雀兒喜市場
- 步行
- 星巴克臻選烘焙工坊
- 高線公園散步
- Hudson Yard
- 搭乘 M34 公車
- Keens 牛排館
- 步行
- Bo Peep 酒吧

Intelligentsia Coffee (High Line Hotel Coffeebar)
180 10th Ave., New York, NY 10011 | (212)933-9736
07:00～17:00

獨立書店唱片行 探索夜景

1.早晨東村附近自在的氣氛，街道上的人們或輕鬆漫步或剛結束運動／2.夜晚的帝國大廈，每天都會亮起象徵不同意涵的燈光。圖為情人節夜晚的粉紅燈光帝國大廈／3.暱稱K-Town的韓國城總是非常熱鬧，是紐約夜生活的經典代表之一

以東村的Tompkins Square Bagels經典貝果開啟一天。接著漫步在東村享受輕鬆自在的氛圍，可以前往A-1 Record Shop尋寶黑膠唱片，或Strand Book Store感受獨立書店之王的魅力。若你沒有因為沉迷在書堆或唱片中而忘卻午餐的話，不妨前往Soothr享用時髦又道地的泰式料理。

午餐後需要咖啡？推薦Stumptown Coffee Roasters！夕陽時分抵達帝國大廈或洛克斐勒中心觀景台，體驗俯瞰紐約城市天際線的感動。晚餐就在韓國城(K-Town)品嘗正宗的韓式佳餚吧——Cho Dang Gol、Hojokban或Take31，都是我非常推薦的美味選擇！

現代藝術博物館
中央公園散策

1.一踏入中央公園內,空氣轉瞬寧靜,與外面的世界是截然不同的氛圍／2.曼哈頓第五大道與美麗的陽光／3.百老匯劇院區與時報廣場,是另一個紐約不夜城的代表

早上前往第五或第六大道Blue Bottle Coffee,接著在MoMA沈浸在經典的現代藝術作品中。中午前往清真烤肉餐車Halal Guys(紅醬很辣請特別注意);亦可前往Shake Shack享用美味漢堡。飯後需要甜點嗎?推薦試試Magnolia Bakery的Banana Pudding,非常美味!午後散步於美麗的中央公園。日落後可在La Pecora Bianca或The Smith用餐。晚餐後不妨至Birdland聆聽浪漫的爵士樂,度過充滿大人感的愉快夜晚吧!

The Halal Guys | 6th Avenue &, W 53rd St, New York, NY 10019 | (347)527-1505 | 週日～四10:00～04:00,週五、六10:00～03:30
Magnolia Bakery (Rockefeller Center) | 1240 6th Ave, New York, NY 10020 | (212)767-1123 | 08:00～10:00

- Blue Bottle Coffee
  - 步行
- MoMA
  - 步行
- Halal Guys 或 Shake Shack
  - 步行
- Magnolia Bakery
  - 步行
- 中央公園
  - 搭乘地鐵
- La Pecora Bianca 或 The Smith
  - 搭乘地鐵
- Birdland 爵士酒吧

紐約生帶路,4條一日遊路線

文青潮人
布魯克林東河浪漫旅

1.搭乘渡輪抵達DUMBO後，由布魯克林散步往曼哈頓，是我最推薦的旅遊路線／2.塗鴉藝術與工廠倉庫，威廉斯堡集結了許多布魯克林的經典意／3.西村附近有許多美味的餐廳，到了夜晚浪漫氣氛滿點，是約會聚餐的最佳選擇

　　從布魯克林威廉斯堡開啟一天的行程！首先造訪好吃也好拍的人氣早午餐名店Sunday in Brooklyn。接著步行前往Devoción咖啡廳，品嘗新鮮美味的咖啡。咖啡因輸入完畢後，漫步至紐約渡輪登船口North Williamsburg，乘坐East River路線前往DUMBO，這是我最推薦前往布魯克林大橋的方式。

　　邊拍照邊散步，抵達美食市集Time Out Market New York，這裡有令人目不暇給的美食可供選擇。享用完午餐，走完布魯克林大橋後，此時應已接近晚餐時刻，搭乘地鐵前往西村，在浪漫氣氛的法式或義式餐廳享用美味的料理。用餐後，非常推薦前往附近的日式地下酒吧Angel's share，用充滿魅力的獨特調酒，劃下完美的句點。

● Sunday in Brooklyn
　步行
● Devoción 咖啡廳
　步行
● North Williamsburg 渡輪口
　搭乘 East River 路線渡輪
● DUMBO
　步行
● 布魯克林大橋
　搭乘地鐵
● 西村
　步行
● Angel's share 酒吧

紐約限定的專屬街拍

讓你的紐約行留下最紐約的回憶：用街道交通攝影機來自拍！透過以下網站(僅限手機)，你可以選擇紐約交通攝影機的即時影像，該網站會幫你截圖，加上風格外框，還能客製照片上的文字！以下是私心推薦最能展現紐約特色的街拍地點。切記拍照時一定不要站在馬路上，注意四周，務必要確保自身安全。

- Broadway@Morris St：攝影機正好面向華爾街銅牛的小廣場，角度絕佳
- Broadway@45 St：可以同框時報廣場的人潮與人行道自拍
- Broadway@46 St：面向時報廣場跨年的經典場景
- Broadway@46 St- Quad South：相機正好面向人行道轉角，照片比例最好的場景
- Central Park@72nd Post 37：中央公園內唯一的道路相機，人物動作大的話可以很明顯

紐約交通攝影機街拍網站：trafficcamphotobooth.com

1.除了攝影機截圖時間日期外，還可以加上外框，寫上想要的文字，絕對是最紐約的紀念自拍／2.實際上的場景。拍攝動作大一點，人物在照片上會很明顯

紐約生帶路，4條一日遊路線 **NY**

體驗最在地的紐約生活

想要真正感受一座城市的魅力，就要前往當地人常去的地方。在紐約生活是一種什麼樣的感受呢？咖啡廳、書店，公園這些日常的空間，正是體驗紐約獨特氛圍最好的所在。

Local Vibes

感受曼哈頓魅力的獨立咖啡

Seven Grams Caffe

Flatiron | 76 Madison Ave., New York, NY 10016 | (212) 779-0777 | 週一～五07:00～19:00，週六、日07:45～19:00

　這次介紹的咖啡廳中，規模最小的曼哈頓獨立咖啡廳，目前僅在熨斗區、SoHo與雀兒喜地區設有店面。最推薦拜訪位在熨斗區，鄰近麥迪遜廣場公園的分店，咖啡廳空間不大，但是一踏入店內，你可以立刻感受到曼哈頓中城的魅力：絡繹不絕、步調節奏迅速的人們與心無旁騖、專心在筆電工作的人們，在這個狹小的空間內並存著。

　天氣好的話，不妨買杯冰美式，前往附近的麥迪遜廣場公園，聆聽現場演奏的迷人爵士樂，享受充滿活力的小朋友歡鬧聲，與好友們一起度過愉快的週末午後。值得一提的是，他們家的餅乾是從原料開始、新鮮自家製作的。經典的Chocolate Chip Cookies曾獲選為紐約前五名美味的餅乾，個人最喜歡的是Peanut Butter Dark Chocolate Chip口味。有機會一定要試試看他們家的餅乾！

1.咖啡很好喝，但我有時會覺得餅乾可能才是這間店的主體／2.鄰近麥迪遜廣場公園的Seven Grams人潮總是絡繹不絕

體驗最在地的紐約生活　NY

最道地的紐約文青咖啡廳

Variety Coffee

Chelsea | 261 7th Ave, New York, NY 10001 | (917)409-0106 | 07:00～21:00
Upper East Side | 1269 Lexington Ave, New York, NY 10028 | (212)289-2104 | 07:00～21:00

1.我非常喜歡雀兒喜分店地板磁磚的花紋和整體的設計／2.上東區的分店，坐落在熙來攘往的忙碌街道旁

這是一間道道地地、不折不扣的紐約咖啡廳。2008年自紐約文青潮流人士的匯集地的布魯克林威廉斯堡發跡，2016年拓展至曼哈頓。Variety目前共有8間分店，在曼哈頓有兩間，分別坐落在上東區與雀兒喜。位在威廉斯堡的自家烘焙工坊每日現場烘焙咖啡豆，再送至各分店，因此他們家的咖啡，口感層次豐富、新鮮且飽滿。我最推薦位在曼哈頓的上東區與雀兒喜分店。後者整體環境氣氛放鬆，尤其是店內的白色地板磁磚與石磚，搭配木質調的櫃檯與橘黃色的燈光，給人一種溫暖明亮、自在舒適的氛圍。店內有免費的Wi-Fi，靠牆的座位都有插座，因此常常可以看到許多人在這裡工作、閱讀、寫作、繪畫，待上一整個下午時光。

至於上東區分店，店內的空間較小且座位偏少，但依然保有Variety的舒適氛圍，特別是在天氣好的午後，當陽光灑入大片落地窗時，看著窗外熙來攘往的人潮，我想，可能沒有比這裡更接近紐約上東區的景象了吧！

如果你想要嘗嘗道地紐約的咖啡，Variety Coffee 絕對是你不可錯過的選擇。

在迷人特色的空間裡享受新鮮咖啡

Devoción

Williamsburg ｜ 69 Grand St, Brooklyn, NY 11249 ｜ (929) 262-1241 ｜ 07:30～19:00

　　源自紐約布魯克林，只在紐約才喝得到的咖啡。Devoción專門使用哥倫比亞咖啡豆，且直接向產地農家購買豆子，在當地自家的設施處理完後，直送咖啡豆至紐約布魯克林的烘焙坊，新鮮烘焙送至紐約各分店。因此，咖啡豆從離開產地到化身為手中的咖啡，最快不到10天時間，非常新鮮！

　　除了提供香味濃郁、酸度完美的哥倫比亞咖啡外，Devoción咖啡廳也具有非常迷人的氣質個性，黃底黑字的鮮明特徵，紅磚牆與黑色金屬的工業風，再加上每間分店必有的大面積綠色植栽，共組而成他們家獨有的氛圍。

　　Devoción目前有5間店，其中我最喜歡位在威廉斯堡、由工廠改建而成的分店。踏入店內映入眼簾的，是正在工作的大型烘焙機，穿過旁邊的長廊後，迎面而來的，是一片寬敞明亮的溫馨空間。抬頭一看，透過天花板大片玻璃灑下來的陽光，溫柔地照射在棕色皮革沙發上。在慵懶的週末午後，帶一本書或是筆記本，來這裡點一杯冰拿鐵，接著坐在沙發上，寫下此刻的心情想法。時而抬頭望向前方發呆，時而看著陽光或綠色植栽。這一瞬間，你有一種彷彿自己也在紐約生活的感受。

1. 大面積綠色植栽與棕色木質調家具，是他們家最顯著的設計特色／2. 位在威廉斯堡的分店，一進門就可以看到工業用咖啡烘豆機／3. 店內也有許多可頌、麵包或餅乾可供選擇

體驗最在地的紐約生活

環境氛圍和咖啡品質都是驚嘆號

Stumptown Coffee Roasters

Ace Hotel New York ｜ 18 W 29th St, New York, NY 10001 ｜ (347)414-7816 ｜ 週一06:30～21:30，週二～五06:30～17:00，週六、日07:00～17:00

　Stumptown的咖啡，香氣濃醇，細細品嘗可感受到獨有的清爽酸度，非常迷人。他們家的咖啡豆同樣是直接向產地購買，繞開中間商，將收益直接回饋給當地農家，且多為長期固定合作夥伴，所以咖啡豆的品質與新鮮度，絕對都是一時之選。

　Stumptown在紐約的每間分店都很有特色。位在華盛頓公園廣場附近的分店，由於緊鄰紐約大學，店內除了帶有格林威治村獨有的文藝氣息外，還多了一點大學城的青春氛圍。而位在布魯克林downtown的分店更是特別，是由充滿歷史感的消防局改建而成的，咖啡廳也完整保留了當年的設計格局。至於我最喜歡的分店，是位在中城29街的分店，儘管店面本身只有吧檯，連座位也沒有，但其實裡面別有洞天，拿到咖啡以後，移步至吧檯旁的小門，一推開，場景瞬間從窗明几淨的咖啡廳，跳轉成燈光昏暗、氣氛迷人的復古酒廊。

　原來，這間Stumptown與隔壁的飯店大廳相互連通，而在大廳的中間，有一個宛如圖書館的共用大桌面。點上一盞燈，或使用電腦、或閱讀書籍、或邊啜飲咖啡邊享受這獨特的氛圍。你可以在這裡度過愉快的咖啡時光。

1.飯店大廳內，有不少Stumptown的顧客在此使用筆電或念書／2.中城29街的咖啡廳本體完全沒有座位，但其實裡面別有洞天

適合念書離線工作的人氣咖啡廳

Think coffee

Mercer | thinkcoffee.com | 248 Mercer St, New York, NY 10012 | 週一～五07:00～18:00，週六、日08:00～19:00

2006年發源自紐約格林威治村，同樣也是一間只有在紐約才能夠品嘗到的獨立咖啡廳。Think coffee同樣也是直接向產地購買咖啡豆，利用直接貿易的方式，與世界各地的咖啡豆生產者們建立長期穩定的合作夥伴關係。

他們家目前在紐約總共有11間分店，幾乎都是坐落在曼哈頓島上的熱門地區，所以來紐約有不少機會可以在街道上遇見這間咖啡廳。需要注意的是，他們家沒有提供或只有微弱的Wi-Fi，所以儘管多數分店都設有座位且環境很適合工作讀書，但沒有網路這點需要提前做好準備。

不過，如果你也是紐約大學學生的話，有一間分店就沒有這個限制，那就是位在華盛頓公園校區附近的分店(248 Mercer St)。並不是因為他們有提供Wi-Fi，而是因為咖啡廳周圍都是紐約大學的校舍，所以你可以很輕易地連上學校Wi-Fi使用網路。事實上，就算不是紐約大學的學生，我也非常推薦這間Think coffee分店，週末午後的窗邊，溫煦的陽光灑入店內。咖啡廳內坐滿了大學生研究生，可能是在念書寫作業，可能是在討論報告。那一瞬間，彷彿身處在公館溫州街的咖啡廳內。

1.Think coffee在紐約各地都有分店，店內氣氛環境很棒／2.在校總區念書時就很喜歡這間咖啡廳，時常會與同學朋友相約在此／3.位在紐約大學校總區附近的分店有很多座位與插座，但期中期末考試時期仍然一位難求

從紐約紅到首爾的樸實咖啡店

Birch Coffee

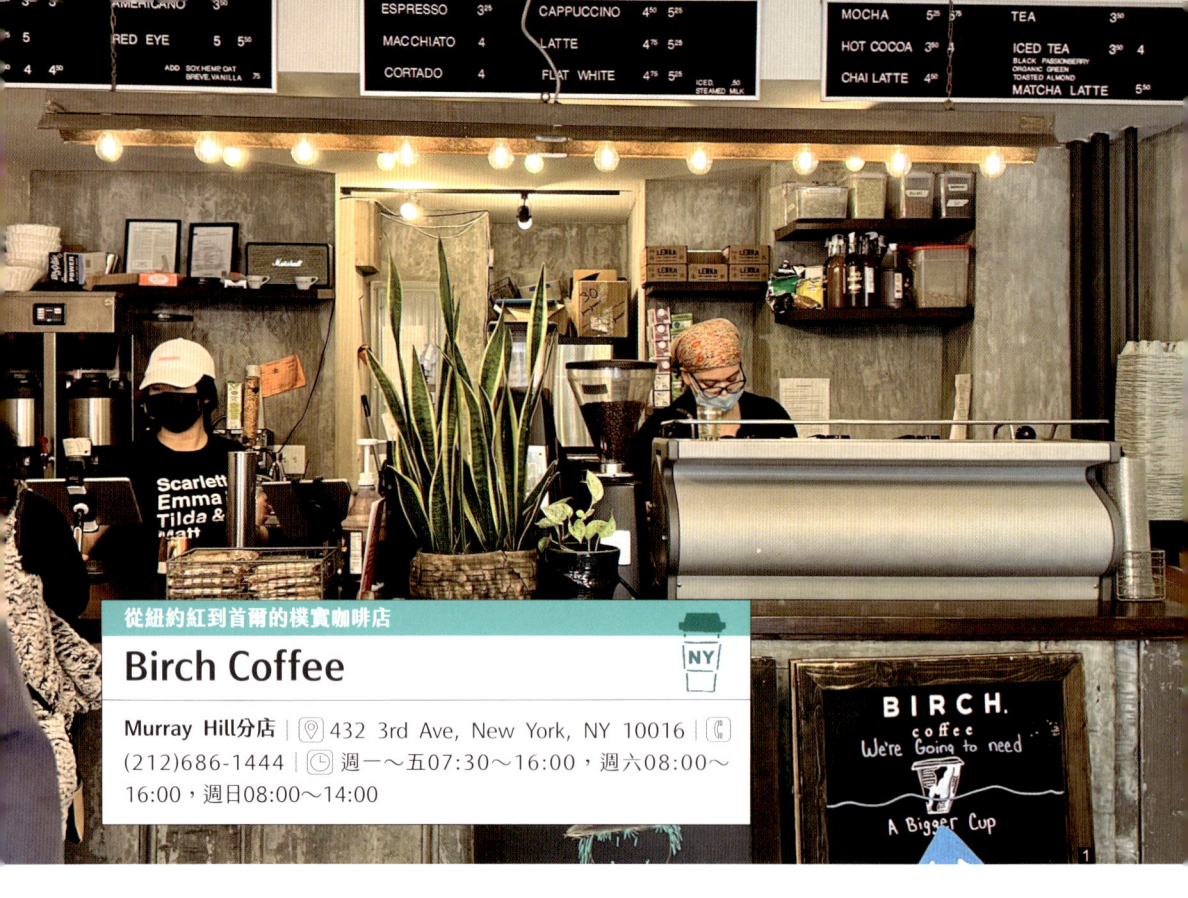

Murray Hill分店 ｜ 📍 432 3rd Ave, New York, NY 10016 ｜ 📞
(212)686-1244 ｜ 🕒 週一～五07:30～16:00，週六08:00～
16:00，週日08:00～14:00

　　起源於紐約的咖啡廳，Birch咖啡既沒有獨一無二的飲品，也沒有吸引社群媒體目光的華麗裝潢，他們家最大的特色，就是提供芳醇柔順、富有深度、自家烘焙的美味咖啡。

　　或許是刻意為之的關係，他們家店內空間多半不大，座位之間比較狹窄，也沒有提供Wi-Fi。所以相較於來這裡使用筆電，我更推薦大家在Birch咖啡廳裡，放下手邊的工作，與朋友們一邊聊天談心，一邊享受充滿魅力的咖啡。

　　他們家的分店幾乎都位於曼哈頓，除了像是上東區、上西區、中城東、Tribeca與下城金融區等等紐約熱門地區以外，Birch在Moynihan車站大廳和LaGuardia機場，這些紐約人常用的交通樞紐也都設有分店，是真正的紐約在地人咖啡廳。值得一提的是，他們家的咖啡豆我非常推薦。不論是外國或臺灣朋友每次來紐約玩，都會指名帶Birch的咖啡豆回去。或許正是因為如此，2022年在韓國有「首爾的布魯克林」之稱的聖水洞，Birch開設了第一間海外分店。

　　或許哪天，也能夠在臺北街頭看到Birch的蹤跡也不一定呢！

1.非常推薦他們家的咖啡豆，送禮自用兩相宜／2.Birch咖啡廳店面普遍都不大，座位會比較擁擠一些

46

獨立書店之王
Strand Book Store

📍 828 Broadway, New York, NY 10003 | 📞 (212)473-1452
🕐 週一〜日10:00〜21:00

1.店內一隅，書本分類眾多，絕對可以找到你喜歡的書／2.書店外常會擺設許多優惠折扣的書，有機會不妨可以前來探索挖寶

「**無**庸置疑的紐約獨立書店之王」這是紐約時報給Strand的評價。Strand書店初創之時，其實並不是位於現在的位置。1927年，這間書店坐落在當年有「書店街(Book Row)」之稱的第四大道上。第四大道從Astor Place到Union Square這一帶，過去曾經有多達48間書店，只不過到了1960年代，水漲船高的房租加上後繼無人繼承書店事業，紐約的書店街從此消失在地圖上。而Strand是當時48家書店中，唯一存活到現在的，儼然已成為紐約獨立書店最具代表性的存在。

走入這間店，最讓人印象深刻的，是豐富的藏書與細緻的分類。不論是喜歡什麼類型主題，你都可以在這裡找到讓你佇足停留並拿起來閱讀的書。他們家的選書也很棒，逛書店時發現有趣的書時那種「瞬間怦然心動」的感覺，我在這間店裡感受到很多次，度過了許多充實的時光。

Strand共有4層樓，每層樓都收藏了大量的書，書本排起來可長達18英里。這也是這間店的標語「18 miles of books」的由來。不過據說現在他們家的藏書量已可排到23英里了。如果你喜愛逛書店、熱愛書本的話，來紐約請務必要來拜訪這間店。

書香＋咖啡香＋酒香肆意個性書店
Book Club Bar

📍 197 E 3rd St, New York, NY 10009 ｜ 📞 (646)678-4160
🕐 週日〜三09:00〜00:00，週四〜六09:00〜01:00

1.週末午後人潮眾多。一進門就是酒吧，後面是書櫃與沙發以及戶外座位區／2.書店位於充滿藝術氣息的東村，白天夜晚都很適合探訪

　獨立書店、咖啡廳與酒吧，如果把這3種最棒的空間結合在一起的話，那會是多麼美好的型態呢？Book Club Bar這間「書店」，正是這樣如夢幻般的存在。一踏入店裡，首先映入眼簾的，是坐在酒吧櫃檯旁專注忘我地閱讀的人們。走道旁的高腳桌，一對情侶一邊啜飲著冰咖啡，一邊各自閱讀著喜歡的書。接著步向店內深處，你會被左右兩側書架上豐富的特色選書吸引。看著坐在沙發上閱讀的人們「大家都在讀什麼書呢？」你的好奇心以及那份找到同為熱愛閱讀人的歸屬感，隨著一步步探索這間書店而逐漸累積。

　除了書、咖啡與酒以外，Book Club Bar還會不定期舉辦讀書會、演講座談或音樂演奏。是一間具有鮮明性格的書店。值得注意的是，這間店有嚴格的筆電平板政策，只有平日白天和週末早上可以使用，且只能使用90分鐘，店裡也沒有Wi-Fi。不過既然都來到這裡，不如就放下筆電和工作，專注在紙本書帶來的美好體驗吧。對了，這間店平日營業到半夜，有時甚至到凌晨1點。如果深夜睡不著的話，不妨帶著自己最喜歡的書，前來這間書店，點一杯紅酒，獨自享受這微醺閱讀的美麗夜晚。

彷彿袖珍圖書館般的存在
Three Lives & Company

154 W 10th St, New York, NY 10014 | (212)741-2069 | 週一〜六10:00〜19:00，週日12:00〜19:00

初次走進這間位在轉角的書店，一位顧客正在與店員討論書籍，我一邊逛，一邊聽著他們討論內容，過程中另一位顧客也加入對話，最後3人展開文學交流，這就是這間店最讓我印象深刻的地方，似乎在這空間裡，每個人都飽讀詩書、學識豐富。

你會很訝異書店竟能在這麼小的空間內，呈現出如此多樣化的書單，Three Lives & Company不只是一間書店，更像是一間袖珍圖書館。在這閱讀式微的時代，成為愛書人們的世外桃源。就像是冬日暖爐旁的沙發，夏天湖畔旁的綠地，一年四季陪伴著人們一起閱讀。

1.店員們都友善也很樂於分享，如果有特別喜歡書的類型都可以問他們／2.位於轉角，空間很小卻十分迷人，是很有特色的書店

絕佳的閱讀環境，讓人忘卻時光的流逝
McNally Jackson Books

W 48th St, New York, NY 10020 | (212)925-2134 | 10:00〜21:00

自從在SoHo創立第一間店後，McNally Jackson近年來在紐約持續拓展據點。在這實體書店經營困難的年代，有一間獨立書店能讓更多人有機會接觸書本，對愛書人來說絕對是值得開心的事。

McNally Jackson最大的特色，是讓人感到愜意的美麗閱讀環境。寬敞明亮的舒適空間，沈穩洗鍊的黑與白，溫馨典雅室內氛圍，讓你不知不覺待上好幾個小時。豐富多元主題的書籍，還有彷彿逛展覽般的特色選書。如果有機會的話，或許拜訪這間紐約的新興獨立書店，享受那種偶然發現自己喜歡的書時，不期而遇一見鍾情的命定感吧！

1.位在洛克斐勒中心的分店，空間明亮開闊，逛起來非常舒服／2.店內專門設有文具區，收藏的種類與數量都不少，文具控千萬不要錯過

挖寶黑膠唱片的好去處
Academy Record Annex

242 Banker St., Brooklyn, NY 11222 | (718)218-8200 | 11:00～19:00

這個年代還有人在用實體唱片聽音樂嗎？如果你心裡抱有這個疑問的話，週末來到這間位在布魯克林、由工廠改建而成的唱片行裡，你可能會大吃一驚。

絡繹不絕的人潮、各個年齡層的樂迷都有。他們家的唱片藏量豐富，分門別類清楚，而且價格也多半合理。更棒的是，與一般黑膠二手唱片行相比，Academy Record Annex有著高挑寬敞的空間，就算是第一次逛，也可以輕鬆安心地走進去，自在地享受探索挖寶的樂趣。

1.週末午後的黑膠唱片行內，各年齡層的顧客都有／2.店門外也擺了許多CD與音樂卡匣，是樂迷們挖寶好去處

收藏的唱片，音樂類型很多元
A-1 Record Shop

439 E 6th St., New York, NY 10009 | (212)473-2870 | 12:00～20:00

1996年開業於東村(East village)這個美國龐克搖滾的發源地，A-1 Record Shop儘管店面空間不大，但收藏的音樂類型可說是相當豐富，從爵士樂、迪斯可、R&B、靈魂樂、放克到經典的嘻哈樂都可以在這裡找到。店內的音樂氣氛很棒，而且還設有多個唱盤與耳機可供試聽，喜歡不同樂曲風格的樂迷，都可以在這裡得到滿足。

近年復古風潮持續席捲而來，無論是想要重溫往日的卡匣錄音帶、CD、DVD，或是想要入門嘗試聆聽實體唱片帶來的溫暖與質樸；不管是專門的黑膠收藏家，或是純粹的喜歡聽音樂，都非常推薦可以逛一逛紐約的唱片行，度過一段愉快又充滿驚喜的時光！

1.店內收藏有豐富多元的黑膠唱片，喜愛探索的樂迷們千萬不要錯過／2.已在東村近30年的A-1 Record Shop，店門外也有許多唱片可供顧客挑選／3.店內有試聽機臺，可以聽完後再決定要不要購買

Central Park 中央公園攻略

　　1858年的冬天，位於曼哈頓中心的中央公園首次向民眾開放。其實，中央公園原本並不在紐約城市規畫設計內，但在當年紐約市民的倡議後，終於，紐約有了一座媲美巴黎與倫敦的公園，中央公園也因此成為全美第一座景觀公共綠地。

　　中央公園大致可分為上中下3個部分：最下方是The Lake與Conservatory Water以南；最上方是Reservoir以北。最下方遊客眾多，可欣賞到許多中央公園的經典地標，是精力充沛的區域；最上方遊客較少，多為在地居民，是相對靜謐的環境；中間則是我最常造訪的地區，兼具都市公園的活力與大片景觀綠地，充滿獨特的風采。

　　若只有一個下午，推薦可從W59街的Central Park Driveway進入公園，一路往北探索，來到Cherry Hill噴泉，欣賞由湖畔、樹林及河面上划船遊客組成的美景。然後向東抵達Bethesda Terrace與Bethesda Fountain，這裡是中央公園最受歡迎的人氣景點，更是婚紗攝影的夢幻場景。接著沿著The Mall往南，轉往East Dr路徑，分別在Green Gap Arch與Inscope Arch附近有巨石，站在上方你可以把中央公園所有經典元素：綠樹、池塘、拱橋與曼哈頓摩天大樓，完美收藏於眼底！是我非常推薦的人物照拍攝景點。

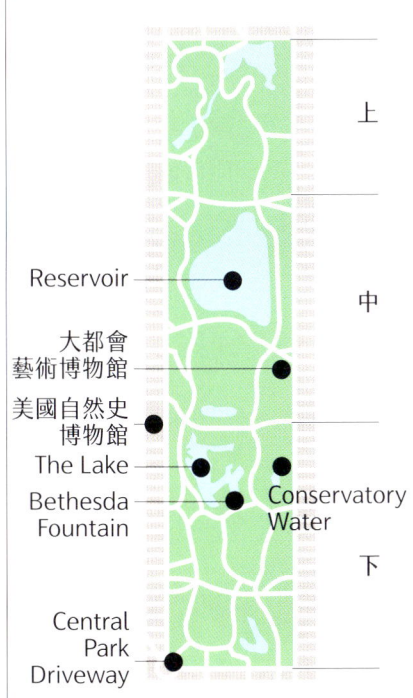

體驗最在地的紐約生活 **NY**

紐約人的四季遊憩方案

四季分明的紐約，帶給人們變化萬千的四時風光，讓人感受到花開花落、季節更迭的美麗與哀愁。在紐約生活，一年四季有各式各樣「在這座城市生活過的人都懂」的共同記憶。與你分享這份紐約人的四季遊憩清單，一起創造屬於自己的美好回憶吧！

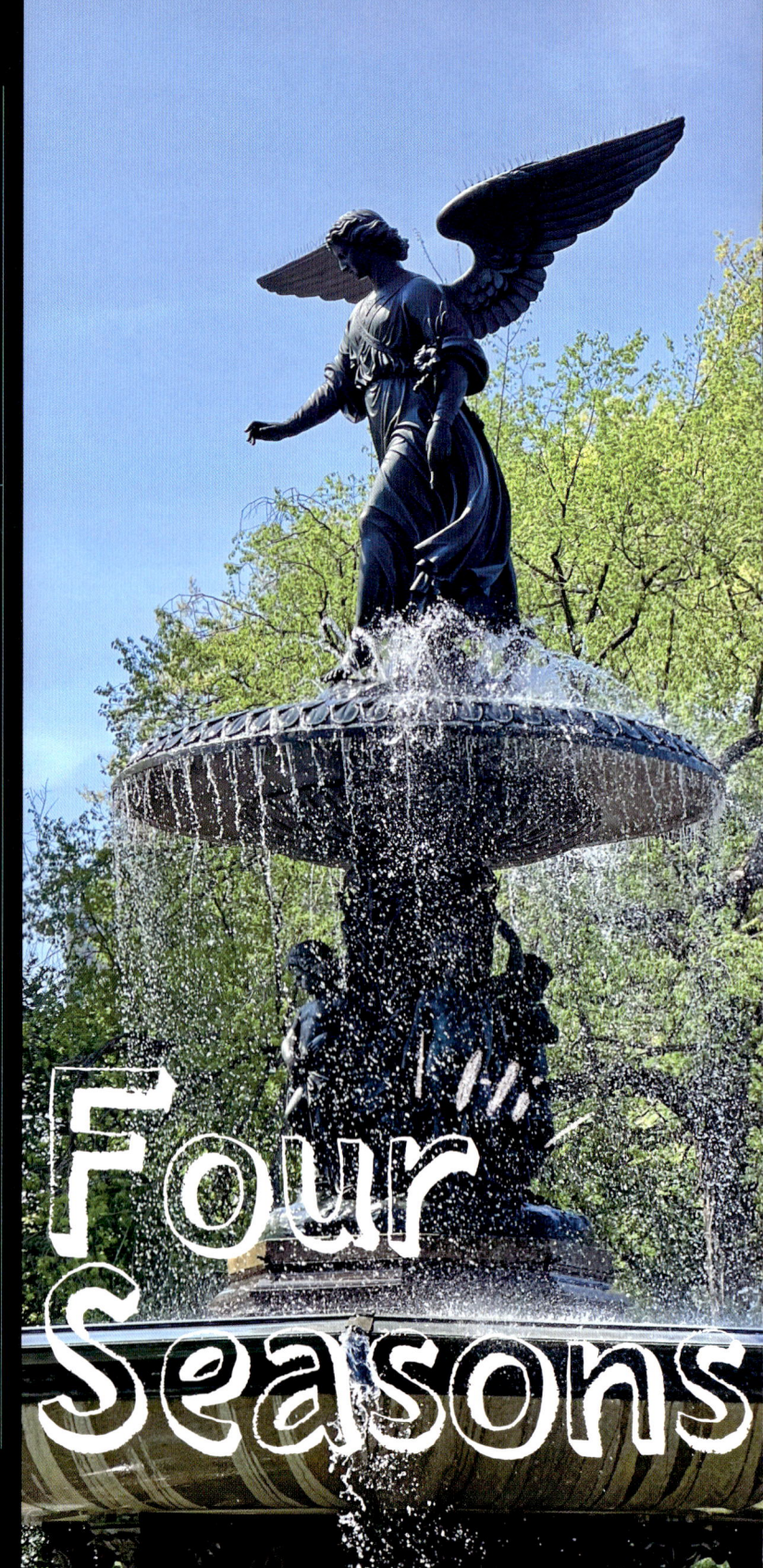

Four Seasons

Spring 萬物復甦，春暖花開

每年中央公園繽紛燦爛的櫻花，
是紐約人永遠看不膩的唯美景致

　　在歷經了漫長的嚴冬以後，終於某一天的早晨，你在出門趕地鐵的路上，偶然瞥見了行道樹枝頂端冒出的花芽。「春天終於來了。」內心這麼想的同時，也象徵著紐約的賞櫻季節準備來臨，這座城市裡超過35,000株的櫻花樹，即將一片奼紫嫣紅，綻開美麗的花朵。

　　紐約的櫻花季，通常會在3月中開始，一直到4月底左右都還有櫻花，滿開日期則較難判斷，每年略有不同。在這座城市裡，你可以看到各式各樣不同種類的櫻花，主要有彼岸櫻(Higan)、關山櫻(Kwanzan)、染井吉野櫻(Yoshino)以及阿龜櫻(Okame)。特別想要跟你分享紐約五大熱門人氣賞櫻景點，每個賞櫻景點都有其獨特的魅力與體驗，都值得你細細品味。

紐約人的四季遊憩方案　**NY**　53

Point 1
中央公園

中央公園 (Central Park) 是最經典最有名、也是最多人的賞櫻選擇。

🔗 櫻花狀態查詢：www.centralparknyc.org/cherry-blossoms

Point 2
布魯克林植物園

布魯克林植物園 (Brooklyn Botanic Garden) 占地較小，但櫻花範圍集中，花團錦簇，非常美麗；園內還有一座靜謐的日式庭園，很值得拜訪！

🔗 櫻花狀態查詢：www.bbg.org/collections/cherries

Point 3
紐約植物園

紐約植物園 (New York Botanic Garden) 位於布郎克斯 (Bronx)，除了能夠看到美麗的櫻花以外，還能夠同時欣賞豐富多樣的各種植物與藝術作品，絕對能夠讓人大飽眼福，流連忘返。

🔗 櫻花狀態查詢：www.nybg.org/gardens/gardens-collections/spring-bloom-trackers

Point 4
可樂娜公園

可樂娜公園 (Flushing Meadows Corona Park) 位於皇后區法拉盛草原，占地廣闊，一邊散步在櫻花樹下，一邊欣賞繽紛盛開的花朵，非常浪漫愜意。

Point 5
羅斯福島

羅斯福島 (Roosevelt island) 介於曼哈頓與皇后區之間，是一個得天獨厚的賞櫻地點，沿著河岸一整排的櫻花樹，搭配河對面曼哈頓高樓天際線的襯托，形成一幅紐約獨有的櫻花美景，是我個人最推薦的賞櫻景點。

羅斯福島賞櫻行程推薦

先去日本超市 Katagiri 選購便當與飯糰，再搭乘纜車來到羅斯福島，坐在草地上，一邊品嘗美食，一邊欣賞這世界絕無僅有的河岸櫻花城市景觀。回程還能在纜車上享受穿梭於曼哈頓摩天大樓間的愜意，是一趟完美的一日輕旅行。

Summer 熱情奔放，盛夏時刻

每年梅西百貨的獨立日煙火秀，是全世界鎂光燈的焦點。煙火地點會固定在曼哈頓周圍的河面上施放，至於是在曼哈頓的東邊(東河)還是西邊(哈德遜河)？每年都不一定。大家屆時可以密切注意，提早安排觀賞地點

在美國，5月的最後一個週一是陣亡將士紀念日(Memorial Day)，紀念在戰爭中不幸犧牲的美軍官兵。除此之外，這一天也通常標誌著夏日的到來，海灘、遊樂園、露天音樂會與戶外電影院，這些都是美國生活的夏天必備行程。

而在大蘋果，紐約人們的夏日遊憩清單有哪些呢？除了有著復古遊樂園與美國歷史最悠久的水族館、經典的海灘景點康尼島(Coney Island)以外，位在皇后區可樂娜公園、夏季限定匯聚各國美食的夜市(Queens Night Market)，也是許多紐約人的共同回憶。

如果你也喜歡看劇的話，千萬不要錯過每年夏天在中央公園，免費的戶外莎士比亞劇演出(Shakespeare in the Park)。

紐約人的四季遊憩方案 **NY**

另外，我私心大推位在曼哈頓中城、布萊恩特公園(Bryant Park)的戶外仲夏電影夜(Movie Nights at Bryant Park)，能夠躺坐在高樓大廈環繞的公園草地上，感受涼爽的晚風拂面而來，與眾人一起欣賞經典雋永的電影，度過美麗的夏日夜晚。

5月最後一個星期一的陣亡將士紀念日，代表著夏天的到來；9月的第一個星期一則是勞動節(Labor Day)，象徵著夏天的結束；而介於中間7月4日的美國獨立日(Independence Day／the Fourth of July)，就是盛夏情懷的最高峰了——絢麗燦爛的煙火、歡樂洋溢的花車遊行與戶外烤肉野餐——每年到了這一天，梅西百貨的獨立日煙火秀(Macy's 4th of July Fireworks)，氣勢磅礡，光輝炫目，不僅是所有紐約市民們引頸期盼的夏季盛事，更是全美國、乃至於全世界眾所矚目的華麗慶典。

夏天的紐約，攝氏30度以上的高溫也擋不住紐約人們戶外野餐的熱情

最酷的紐約市樹木地圖

春夏之際，你是否會好奇路上那棵是什麼樹？紐約市政府官方有一個樹木地圖平台，任何種類的樹木，你都可以利用這個平台找到他們確切的位置。以大家喜愛的櫻花樹為例，進入網站後，點選地圖最右邊的「Trees Filtered」，輸入「Japanese Flowering Cherry」之後，你就可以找到市內「每一棵」櫻花樹的位置！

更酷的是，畫面左側還有該樹葉的外觀與知識，下方是此樹在紐約市內的數量與統計資料。甚至還可以得知這棵樹的維護紀錄，以及他帶給環境的益處(節省的水電量、減少的空汙、省下的金錢)，是一個很有教育意義的資訊網站。

可於此處，輸入Japanese flowering cherry，或任何你有興趣的樹木品種

http New York City Tree Map：tree-map.nycgovparks.org/tree-map/species/92631

Fall 落葉繽紛，秋高氣爽

秋天的紐約，今天可能穿短袖，明天可能穿毛衣的季節

秋日時序的紐約，可能有3個季節氣溫每週輪替，這週是還不想離開的炎熱夏季，下週是提早來訪的驟冷冬季，大概只有短短幾週，會是最舒服的涼爽秋季。

把握這段條忽即逝的好天氣，紐約人們會安排戶外踏青活動。前往長島(Long Island)或上州(Upstate，泛指紐約市與長島地區以外的紐約州)的農莊摘蘋果或採南瓜；同時探訪農場附近古色古香的小鎮，享受美好的秋日午後時光。

說到秋日遊憩計畫，我最推薦賞楓登山健行。從曼哈頓市中心出發，只需1〜1.5小時車程，就能體驗到多條不錯的登山步道。首推最平易近人的Bear Mountain State Park，這是所有紐約人耳熟能詳的熱門經典爬山景點；再繼續往北走，鄰近Cold Spring的 Hudson Highlands State Park境內也有很棒的健行路

線，推薦可試試Bull Hill；最後，想要挑戰高難度的朋友，不妨嘗試Breakneck Ridge，路線頗具難度，但能欣賞到絕美哈德遜河谷景致。上述地點除了Bear Mountain外，其他皆可利用火車抵達。從中央車站出發，搭乘大都會北方鐵路哈德遜線即可抵達。讓你暫時遠離城市的喧囂，欣賞美麗的楓葉與秋日大自然景色。

美國登山健行路線APP

　　AllTrails是一個非常好用的網站與APP，它不僅在地圖上清楚標示了該登山口所有相關的路線選擇，圖文並茂的路線介紹、路徑長度與海拔高度、預估所需的時間、難易度與其他人的評價回饋、離線地圖、GPS路線即時指引等等，所有你登山前與登山時需要的資訊，全部都可以在這裡找到。

AllTrails APP

紐約的登山景觀完全無法跟臺灣相提並論。但是在水泥叢林裡待久了，偶爾暫時逃離這座城市，享受山與河谷的氣息，仍是一件很美好的事

Winter 佳節氣氛，冬日情懷

如果只能選擇一個季節來訪紐約，我會毫不猶豫選擇冬季。此時的紐約，冷清的街道被白雪覆蓋，暖和的室內散發出溫馨的燈光。擺滿美食佳餚的餐桌上，舒適沙發溫暖的火爐旁，空氣中瀰漫著濃厚的過節氣氛。事實上，每年的紐約，在梅西百貨的感恩節大遊行過後，整座城市會在一夜之間從火雞變成聖誕樹。商店外，店家紛紛擺上聖誕裝飾與五彩繽紛的燈光；大街上，瑪麗亞・凱莉的《All I Want for Christmas Is You》歌曲不絕於耳。

這是紐約最寒冷的季節，也是紐約最溫暖的季節。

1.冬天的紐約，明知道只有最初的美麗但每次看到下雪還是很興奮
2.逛冬日市集是紐約人們每年冬季佳節的熱門活動之一

冬日市集(Winter Village) 或 假日市集(Holiday Market)

滿載佳節氣氛的魅力活動。一邊逛著不同風格的特色選物小店，一邊啜飲溫暖的熱可可，接著前往熱食區，點一份美味又吸睛的帕馬森起司車輪義大利麵(pasta alla ruota)，或品嘗一口秋冬節日必喝的香料熱紅酒(mulled wine)，暖心也暖胃，是最棒的冬日市集行程。

許多紐約景點在這段期間都化身為冬日市集，我最推薦的有：聯合廣場(Union Square)、中央公園哥倫布圓環(Columbus Circle)以及規模最大的布萊恩特公園(Bryant Park)。

如電影場景般的冬日溜冰體驗

布萊恩特公園除了冬日市集與酒吧以外，中央還設有一個大型溜冰場(免入場費，僅需支付器材設備租金)，是冬季期間非常熱鬧的溜冰地點。

另一個人氣溜冰場則是大名鼎鼎的洛克菲勒中心，入場票價格昂貴，但能在經典聖誕樹前溜冰，重現如電影般的場景，是許多人的紐約夢想清單。還有一個紐約熱門溜冰場地，是位在中央公園內的Wollman Rink，入場票價相對合理，是冬日溜冰的絕佳選擇之一。

如果只能參訪一個冬日市集的話，我最推薦布萊恩特公園。在曼哈頓中城摩天高樓的環繞下溜冰、帝國大廈的燈光與聖誕樹的燈飾點綴著這片浪漫的夜晚。就算只是在市集裡漫步逛街，也能充分感受到佳節氣氛的美好

洛克斐勒中心的聖誕樹燈光

洛克斐勒中心前的巨大聖誕樹,是紐約冬季佳節的經典象徵,每年吸引成千上萬的遊客前來參觀。聖誕樹會持續展出從12月初到隔年1月,所以也可以聖誕節後再來欣賞,避開擁擠的人潮。

布魯克林戴克高地(Dyker Heights) 聖誕村

戴克高地是位在布魯克林西南邊深處的高級住宅區,是紐約非常知名的熱門聖誕村。每年感恩節過後,住戶們會將屋子與庭院內外布置上各式各樣五彩繽紛的聖誕裝飾,家家戶戶燈光彩飾一間比一間豪華,是會讓人嘆為觀止的程度。

安排行程時有幾點需要留意:這裡是真的有住人的住宅區,所以在欣賞燈光裝飾的同時,尊重住戶的隱私避免打擾到對方;全程都是戶外參觀且沒有廁所,記得提前做好準備;強烈不建議自行開車前往,因為現場人潮車潮眾多,停車非常困難。搭乘地鐵的話,不論哪條線都需要再走路至少20分鐘。建議可搭乘X28公車,從曼哈頓34街第五大道出發的話,約一小時會到達86 St/ 7 Av站,下車步行約10分鐘即可抵達。

戴克高地社區的聖誕燈飾每年總是讓人讚嘆不已,當然有可能是住戶自己完成所有的聖誕裝飾,不過也有人請外面公司代為執行的。不論如何,能夠親眼欣賞到如此華麗絢爛的燈光與裝飾,是讓人非常難忘的美好體驗

紐約植物園的假日火車模型之夜
Holiday Train Nights

這是我最推薦的紐約冬日佳節活動。紐約植物園從1992年開始,每年都會在這段期間舉辦假日小火車展,一輛輛模型火車,行駛在軌道上穿梭於帝國大廈、布魯克林大橋、中央公園、自由女神等等眾多紐約經典地標模型之間。這些製作細緻精美的模型,都是由樹枝、樹皮或花草等自然材料建造而成的,細節滿滿,完成度非常高。

在特定幾天的夜晚,模型建築還會點綴起溫暖的燈光,充滿佳節氣氛的燈飾布滿整個展覽。欣賞著小火車奔馳運行在你熟悉的紐約建築橋樑之間,聆聽著現場演奏的爵士樂,品嘗一口精心配製的調酒;不論是喜愛火車模型、喜愛紐約經典建築、或是純粹喜愛溫馨的佳節氛圍,假日火車之夜絕對會帶給你難以忘懷的美麗夜晚。

假日火車之夜,精心製作的紐約模型與佳節燈飾。前往位在布朗克斯(The Bronx)的紐約植物園其實非常方便,從中央車站出發,搭乘大都會北方鐵路哈林線(Harlem Line),僅約20分鐘即可抵達

我的紐約廁所地圖

在紐約生活，每個人心中都內建了一份廁所地圖。在紐約，地鐵站內是沒有公共廁所的，所以如果緊急時刻出現了該怎麼辦呢？與你分享曼哈頓由南到北、可接受的乾淨程度，我的私房洗手間地圖！如果真的附近沒有廁所的話，進去星巴克店內點一杯咖啡，就可以使用他們的洗手間。

- 59街萊辛頓大道Bloomingdale's百貨公司
- 58街哥倫布圓環旁的Deutsche Bank Center百貨公司
- 47街洛克菲勒中心從這個位置(Google map: Q25C+GG3 New York)進去洛克斐勒大樓的地下一樓Blue Bottle Coffee旁
- 42街中央車站
- 42街第六大道Whole Foods
- 34街第六大道Macy's百貨公司
- 17街公園大道旁Barnes & Noble書店
- 42街Bryant Park有號稱全紐約最美的公廁但常大排長龍
- 15街第九大道Chelsea Market
- 23街麥迪遜廣場公園旁Eataly NYC Flatiron
- SoHo區百老匯大道Bloomingdale's百貨公司

最後提醒一下大家，在美國，為了避免有人在廁所裡面做壞事，所以廁所門隔間底下的縫隙都很寬，門縫間是可以看到裡面的，而且很容易被推開，隱私程度頗低。使用廁所時務必多加留意，這點可能要先有心理準備。

到紐約不能錯過的博物館

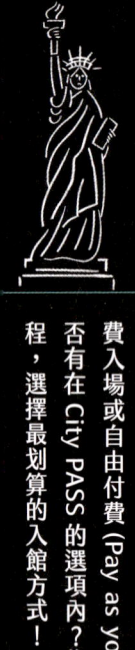

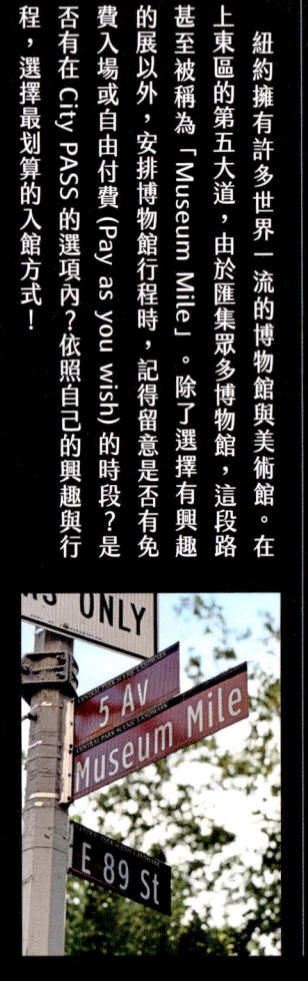

紐約擁有許多世界一流的博物館與美術館。在上東區的第五大道，由於匯集眾多博物館，這段路甚至被稱為「Museum Mile」。除了選擇有興趣的展以外，安排博物館行程時，記得留意是否有免費入場或自由付費（Pay as you wish）的時段？是否有在City PASS 的選項內？依照自己的興趣與行程，選擇最划算的入館方式！

Museums

大都會藝術博物館
The Metropolitan Museum of Art

1.古埃及展區的丹鐸神廟是The Met必逛的展——近距離親身感受千年神廟的美麗與不朽／2.這是The Met在春天的每週五、六17:00～21:00的博物館之夜活動。夜晚入場前排滿了人潮／3.博物館內有現場樂隊演奏，弦樂四重奏、爵士樂團等。千萬不要錯過這麼棒的活動

全世界五大博物館之一，也是全美國最大的博物館，收藏超過200萬件文物，地板面積將近20公頃。來逛大都會藝術博物館(簡稱The Met)要先有個心理建設：館藏豐富，除非用走馬看花的方式，否則就算是待上一整天，也不可能全部看完。

The Met內有眾多不同的展區，包括古代近東文物、古希臘羅馬藝術、亞洲藝術、武器和盔甲、樂器、服裝與飾品、歐洲油畫雕塑以及美國藝術文物等等，從西元前橫跨至現代，展出內容兼顧深度、廣度與時間維度。我每次參觀完The Met後總是內心充滿悸動，人類在宇宙自然界中是如此渺小，但卻在這短短幾千年內，創造出如此多美好的藝術文物。

時間有限的話，首推古埃及展區的丹鐸神廟(Temple of Dendur)，這是一座建立於西元前10年的古埃及神廟。1967年由埃及政府贈與美國，感謝其幫忙保存遺跡。The Met將神廟從當地運回美國，在博物館內一塊塊石頭重新組裝還原。巨大的展廳內，神廟前方的河流象徵著尼羅河，透過旁邊大片斜面落地窗，神廟的石牆隨著陽光照射而產生光影的變化。此時此刻，彷彿現代與千年前的文化，產生了某種程度的連結。

www.metmuseum.org | 1000 5th Ave, New York, NY 10028 | (212)535-7710 | 週日～二、四10:00～17:00，週五、六10:00～21:00 | 休 週三

到紐約不能錯過的博物館 **NY** 65

現代藝術
The Museum of Modern Art
博物館

如果來紐約只能拜訪一間博物館，現代藝術博物館(簡稱MoMA)是我最推薦的選擇。

原因在於，除了館內藏有自19世紀後期以來的眾多素描、繪畫、攝影、電影等等現代藝術作品，可以滿足不同興趣的藝術愛好者以外，更重要的是，MoMA收藏非常多的經典藝術名作，包括後印象派大師盧梭的《夢境》與《沉睡的吉普賽人》、野獸派創始人馬諦斯的《舞蹈》、抽象表現主義大師蒙德里安的《百老匯爵士樂》、畢卡索的《亞維農的少女》、達利的《記憶的永恆》、安迪·沃荷的《康寶湯罐頭》，以及就算沒有看過展也一定聽過的世界名畫：梵谷的《星夜》。

站在這些名作面前，用自己的雙眼實際感受以往只能在教科書上看到的畫面，那一瞬間，絕對會帶給你無與倫比的感動。

1.MoMA在紐約常會有特別的活動。圖為博物館與紐約大學校友會合作的博物館之夜，僅限定校友入場，這也是我第一次看到這幅世界經典名畫，面前如此地空曠／2.入夜後的博物館外觀。MoMA中庭簡潔富有設計感，是逛展中途的休憩好去處／3.MoMA的商店就坐落在博物館的正對面。在博物館閉館後仍有營業，所以可以逛完展後再慢慢去選購／4.法國畫家，野獸派創始人馬諦斯的知名作品《舞蹈》

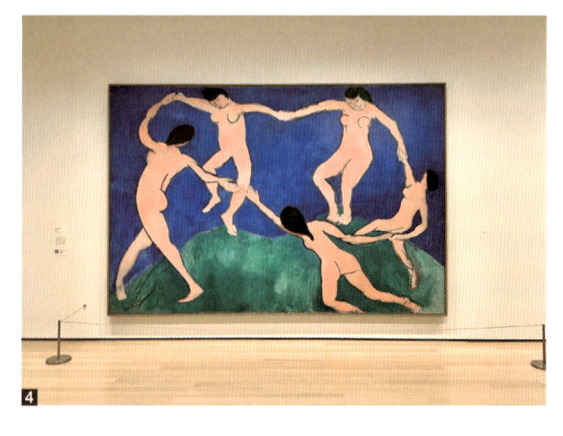

www.moma.org｜11 W 53rd St, New York, NY 10019｜(212)708-9400｜週六～四 10:30～17:30，週五10:30～20:30

惠特尼
Whitney Museum of American Art
美國藝術博物館

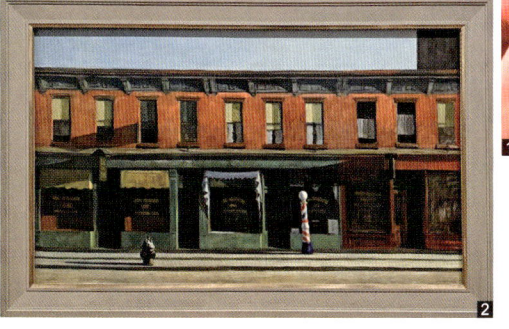

1.圖片是博物館慶祝霍普140歲生日的紀念品。如果你也喜歡這位大師的作品,務必要來參觀這間博物館／2.《Early Sunday Morning》1930年完成的作品,以紐約第七大道的店家為原型所創作,呈現出霍普獨有的城市寂寥與憂鬱感,簡約構圖與刻意強化的光影對比,是最經典的作品之一

我個人最喜愛的紐約博物館。位於曼哈頓西村肉品加工區內,惠特尼美國藝術博物館(暱稱The Whitney)是一間專門收藏繪畫、雕塑、攝影、電影到新媒體等等,20、21世紀美國藝術家作品的藝術殿堂。如果你也跟我一樣喜歡美國畫家愛德華・霍普(Edward Hopper)的畫作,The Whitney收藏了大部分他的作品,絕對是你必訪的景點。除此之外,The Whitney定期舉辦的雙年展(Whitney Biennial),更是美國歷史最悠久、被視為現代藝術最重要的指標性展覽。如果剛好在這段期間來訪紐約,千萬不要錯過這場兩年一度的盛事。

最後一定要提的是,The Whitney也是隱藏版的曼哈頓迷你望遠景點。當你抵達這間博物館時,先不要急著開始逛展,可以直接搭乘電梯先到達頂樓,他們的戶外陽臺區有非常迷人的三面視野景致,向南可以看到下城金融區的世貿中心天際線,向東可以欣賞肉品加工區街道上熙來攘往的人們,向北可以眺望帝國大廈與中城景觀。

欣賞完頂樓的曼哈頓美景後,再慢慢一層層往下逛展,欣賞或美麗動人、或發人省思的美國藝術家作品。這是我最推薦的參觀動線。

愛德華・霍普(Edward Hopper)

美國繪畫大師。作品常以寫實簡單的表現形式,搭配精心設計的場景與刻意強調的光影,呈現出寂靜孤獨的都市寂寥風格。是我最喜歡的美國畫家。The Whitney是最大的霍普畫作典藏機構。

whitney.org　99 Gansevoort St, New York, NY 10014　(212)570-3900　週六~一、三、四10:30~18:00,週五10:30~22:00　週二

到紐約不能錯過的博物館　**NY**　67

美國自然史博物館
American Museum of Natural History

1. 這具名為Apex的化石，是目前人類發現最巨大最完整、同時也是拍賣價格最昂貴的劍龍化石／2.坐落在上西區的美國自然史博物館，提供豐富的自然科學知識。非常適合闔家大小一同參觀／3.非常推薦新館的蝴蝶展(Butterfly Vivarium)。沒有玻璃阻隔，可以直接近距離欣賞數百隻像是帝王斑蝶、紅帶袖蝶等的美麗蝴蝶，種類多達80種／4.博物館於2023年開幕的最新別館──寬敞挑高的大廳，曲面弧形的窗戶，乍看之下與JFK機場的TWA Hotel有幾分神似

不論是大朋友或是小朋友，都會逛得很開心的博物館。緊鄰中央公園，位於曼哈頓上西區的美國自然史博物館，是一間涵蓋了生物學、古生物學、天文學、地球科學與人類學的自然科學博物館，同時也是電影《博物館驚魂夜》的取材地點。

館內收藏有令人目不暇給、包羅萬象的科學展示品：動植物標本化石、岩石礦物、隕石等等，總共超過3,000萬個樣本。電影裡出現過可愛的復活節島摩艾石，還有身長29公尺、世界上已知最大生物的藍鯨模型，都是拜訪這間博物館時不容錯過的參觀重點。此外，這裡收藏的恐龍化石更是世界知名，從經典的霸王龍暴龍標本、有著長脖子超巨大的重龍化石、以及最新出土，全世界最大最完整且最昂貴的劍龍化石，都可以在此處一睹其風采，喜歡恐龍的朋友絕對會逛得非常過癮！

www.amnh.org ｜ 200 Central Park W, New York, NY 10024 ｜ (212)769-5100 ｜ 10:00～17:30

68

俯瞰享受
紐約城市天際線

從高空俯瞰大蘋果，櫛比鱗次的高樓與棋盤交錯的街道。白天車水馬龍熙來攘往，夜晚如星空絢麗璀璨。然而，在紐約登高望遠的感受不僅止於此。當你從高空鳥瞰這座城市時，以前那些聽起來很遙遠、只在電影中出現的經典地標，現在紛紛躍然於眼前，帝國大廈、時報廣場、中央公園、中央車站，一切盡收眼底。再多文字與照片也難以言喻，一定要親眼目睹才能體會到的感動。

Skyline

Empire State Building
帝國大廈觀景台

無需多做介紹，帝國大廈絕對是經典中的經典。單單建築本身就能夠代表紐約，甚至是整個美國。1931年落成，破紀錄地只花了1年45天就建造完成，此後穩居全球最高建築寶座長達40年。能夠親身登上這座建築，體驗傳奇歷史與經典象徵，是帝國大廈觀景台最吸引人的地方。86樓是戶外平台用柵欄圍住，照片會看起來比較有侷限感；102樓則是室內玻璃帷幕，視野很好但空間偏小較擁擠。

www.esbnyc.com | 20 W 34th St, New York, NY 10001 | (212)736-3100 | 10:00〜22:00

Top of the Rock Rockefeller Center
洛克斐勒中心觀景台

由玻璃帷幕圍繞的戶外觀景台，360度的視野一覽無遺。與其他觀景台相比，Top of the Rock的樓層高度最低，但恰好可以用更近的距離欣賞環繞四周的摩天大樓，臨場感更強烈。更棒的是，由於位處曼哈頓中心，往南可眺望帝國大廈與世貿大樓，往北可瞭望整片中央公園。完美體驗「站在世界的中心」的感受。

www.rockefellercenter.com | 30 Rockefeller Plaza, New York, NY10112 | (212)269-82000 | 09:00〜00:00

帝國大廈是紐約的經典象徵，其燈光每天會隨不同節日或慶典而改變。圖為2025年NBA紐約尼克隊睽違25年挺進東區決賽時，大樓亮起的慶祝燈光

Edge 觀景台

唯一坐落在曼哈頓西側的觀景台。最大的特色是跳脫中城高樓的環繞，從另一個角度，俯瞰紐約如山峰般層巒疊嶂的高樓大廈。Edge觀景台相當寬敞，整個突出於建築物外，視野非常開闊，是我覺得四個觀景台裡體驗最好的。平台最前方還有一片全透明玻璃地板，可站在上面體驗直望340公尺地面的刺激感。

www.edgenyc.com｜30 Hudson Yards, New York, NY 10001｜(332)204-8500｜週一～四10:00～21:00，週五～日08:00～22:00

SUMMIT One Vanderbilt
范德堡一號大樓觀景台

個性最鮮明的觀景台，全玻璃鏡面地板天花板，將曼哈頓高樓景色轉化為萬花筒般美麗的視覺藝術。入場時會拿到鞋套與墨鏡，避免刮傷地板與強光刺眼。建議參訪時不要穿裙子或高跟鞋，行動起來較方便。

summitov.com｜45 E 42nd St, New York, NY 10017｜08:00～22:00

寬闊的觀景平台，加上能夠從西側瞭望由南到北的曼哈頓高樓群，是Edge最大的特色

俯瞰享受紐約城市天際線

來紐約必看的百老匯

紐約最吸引人，最獨一無二的地方，欣賞百老匯秀(broadway show)，絕對是你來紐約一定要安排的行程。所謂的百老匯秀，指的是位在百老匯大道(Broadway)附近41街到53街之間的區域內、超過500個座位以上的劇院內進行的舞臺劇演出。低於500個座位的則是被稱為外百老匯(off-broadway)，而低於100個座位的則是被稱為外外百老匯(off-off-broadway)。紐約百老匯秀以及其所帶動的周圍舞臺表演發展，不僅是紐約戲劇產業的中心，更是全世界舞臺藝術的最高殿堂。

Broadway Shows

第一次看百老匯的選擇

1. 入場就座後準備開演。這是最令人期待的一刻！你知道這是哪齣劇嗎／2. 摩肩擦踵、車水馬龍，總是非常熱鬧的百老匯劇院區／3. 音樂劇散場時，劇院外總是能看到排隊招攬生意的紐約觀光三輪車

百老匯劇院上演的秀類型眾多，音樂劇、話劇、歌劇、舞臺劇等；講述的故事五花八門，從愛情、親情、友情到歷史、政治、歡樂非常多元。在紐約這短短幾天的旅途中，要選擇欣賞哪一部百老匯戲劇，較有機會能完整地享受舞臺表演帶來的魅力呢？

首推！迪士尼音樂劇

除非對劇目已心有所屬，否則我會推薦優先考慮迪士尼系列的音樂劇。首先是故事，迪士尼的故事劇情大部分的人都耳熟能詳。就算聽不懂英文，或是有幾句話漏聽了，也完全可以跟上劇情的發展，沉浸在故事的起承轉合。而迪士尼的角色更是家喻戶曉，獅子王的辛巴、冰雪奇緣的艾莎、阿拉丁的神燈精

靈，無需介紹，這些角色一出場總是立刻贏得滿堂喝彩。歌曲就更不用提了，阿拉丁的《A Whole New World》、冰雪奇緣的《Let It Go》，當現場舞臺響起這些歌曲的前奏時，真的會讓人感動得起雞皮疙瘩。

最後是舞臺，迪士尼舞臺劇最大的特色，就是超強的舞臺呈現，從布景、道具、服裝、燈光到音效，能夠在一個舞臺上，完美呈現出電影卡通裡千變萬化的場景與特效。當你看到熟悉的名場面重現在眼前的舞臺時，內心除了感動以外，更是會發出無比的讚嘆與佩服。

《女巫前傳》《回到未來》闔家欣賞好選擇

1.《回到未來》故事精彩，舞台聲光酷炫，是大朋友小朋友都會看得很開心的劇／2.《女巫前傳》劇院裡有販售特別的調酒，有興趣不妨試試看

如果迪士尼系列的幾部音樂劇都看過了的話，我也相當推薦《女巫前傳》(Wicked)，這部是《綠野仙蹤》的前傳與延伸，從西國女巫的角度出發，重新詮釋原作中所謂的「壞」女巫和「好」女巫。這部音樂劇是百老匯的當紅炸子雞，熱門程度僅次於《獅子王》(The Lion King)。另外，《回到未來》(Back to the Future)也是一部我很推薦的音樂劇作品。以80年代的搖滾樂風格為主，搭配酷炫的聲光特效，加上高潮迭起的劇情，是一部非常適合闔家大小一起欣賞的音樂劇。

二訪百老匯的推薦劇目

1.《漢密爾頓》劇中有大量快速的對話，建議可以先認識當年的歷史背景，會更容易了解故事的來龍去脈，帶來更好的觀劇體驗／2.漢密爾頓長眠於紐約華爾街旁的三一教堂公墓內，時至今日仍有不少人前往其墓地致意／3.《漢密爾頓》非常受歡迎，是百老匯的長年熱銷音樂劇之一

當歷史故事遇上嘻哈流行：《漢密爾頓》

《漢密爾頓》(Hamilton)是我最喜歡的音樂劇。這齣劇贏得了當年葛萊美獎最佳音樂劇專輯，獲得了該年度東尼獎破紀錄的16項提名，最終抱回11座獎項，囊括最佳音樂劇大獎。

這齣劇講述的，是美國開國元勳之一、美國首任財長並建立美國金融體系：亞歷山大‧漢彌爾頓的故事。漢密爾頓與紐約的關係，可以說是非常密切。獨立戰爭期間，漢密爾頓投筆從戎，中斷在國王學院(現在的紐約哥倫比亞大學)的學業，加入由紐約年輕人組成的民兵組織。獨立戰爭後，因為漢密爾頓的積極爭取，說服紐約州群眾加入聯邦，使北美殖民地成為一統的國家。而他的辭世也非常戲劇性——在與政敵的決鬥中中槍身亡。最後長眠於紐約華爾街旁的三一教堂公墓內。

幾年前《漢密爾頓》剛上映時，我身邊的每一個人，朋友、同事，甚至是老師們，幾乎都在談論這齣劇。我除了很喜歡這齣劇的故事內容與呈現手法外，它的音樂風格融合了大量Hip Hop、R&B與流行音樂元素，更是這齣劇亮點中的亮點。尤其是其中一幕以嘻哈饒舌的形式，重現當年漢密爾頓與傑佛遜對美國這個新國家的未來路線、對聯邦與州的權力分配辯論，其中的歌詞與演出，讓人印象非常深刻！

《漢密爾頓》這齣劇，它不會是在首次欣賞百老匯的音樂劇推薦名單內；然而，它絕對是少數我極度推薦二刷、甚至值得看第三、第四次的好評音樂劇。

諷刺惡搞與反思宗教：《摩門經》

獲得當年最佳音樂劇獎等多項東尼獎，更贏得葛萊美獎的最佳音樂劇專輯的《摩門經》(The Book of Mormon)，故事內容描述兩位摩門教青年，前往非洲烏干達傳教的過程。

乍聽之下是嚴肅的宗教主題，不過其實，是一齣非常不正經的音樂劇。大量使用各種惡搞、諷刺與搞笑情節，以許多大尺度的限制級笑話，帶出對社會價值信仰和習俗的反思，最後再以肯定宗教信仰作為結尾。值得一提的是，這齣劇是由著名的《南方公園》編劇們所撰寫的，如果喜歡《南方公園》敘事風格的朋友，千萬不要錯過！

1.《摩門經》於2011年首映。橫掃9項東尼獎，包含最佳音樂劇大獎／2.百老匯舞台劇演出結束後，眾演員們會齊聚於舞臺上，向觀眾們致意並接受喝采，是令人感動的時刻／3.《摩門經》標榜「The Funniest Musical of All Time」(此言一點也不虛)

百老匯週，買一送一最省錢

大家可能都有聽過紐約餐廳週，但有聽過百老匯週(Broadway Week)嗎？在這段期間，你可以用一張票的錢，買到兩張百老匯秀的票！是非常划算的優惠。百老匯週每年會有兩次，大約是在每年冬天的1月中與秋天的9月初。儘管被稱為百老匯「週」，但這個優惠活動通常會持續約一兩週的時間。

多數知名音樂劇都有參與百老匯週活動

以2025年冬天的百老匯週為例，百老匯最熱門的《獅子王》、上述提到《女巫前傳》、《摩門經》，以及我最推薦的二訪百老匯劇目《漢密爾頓》都有參加。

如果剛好上述這段時間來紐約，百老匯週是一個很棒的機會，既可以提前買好票、也可以省下一大筆錢。對於熱愛欣賞百老匯秀的朋友來說，百老匯週是一個很棒的機會可以好好把握！

若無法在百老匯週來紐約，想省錢看百老匯也有許多方式：樂透抽籤、或是在時報廣場著名的TKTS櫃檯買最後一刻的票，也都是不錯的方法。但這些省錢方式是以高度不確定性為代價換來的。出國旅遊排行程最怕的就是不確定性，這個代價值不值得就見仁見智了。

位在時報廣場的TKTS櫃檯，能夠以優惠的價格購買票券，欣賞到眾多知名的百老匯音樂劇

來紐約必看的百老匯 **NY**

紐約百老匯的深夜食堂

心滿意足地看完了百老匯音樂劇，填飽了心靈接下來也需要填飽肚子。若是看下午場次的百老匯，表演結束大約是下午4、5點，啟程前往晚餐餐廳排隊等候，是很完美的時間；但如果是看晚上場次的話，看完劇後可能接近深夜10點，有沒有推薦哪些餐廳，適合作為欣賞完百老匯秀後的深夜美食呢？

潮流漢堡店
7th street Burger

485 7th Ave, New York, NY 10018 | (646)224-6919 | 週一～六11:00～03:00，週日11:00～01:00

想要吃簡單快速的小食物，紐約潮流漢堡店7th street burger是很棒的選擇。最靠近百老匯劇院區的分店是位在第七大道36和37街之間，營業時間最晚到凌晨3點，很適合外帶買回飯店，大快朵頤smash burger，享受這深夜罪惡的美味。

現代韓國料理
Take31

15 E 31st St, New York, NY 10016 | (646)284-5540 | 週日～四17:00～00:30，週五、六17:00～02:30

說到深夜美食餐廳，怎麼能夠不提韓國城(Ktown)呢？如果回飯店順路的話，很推薦可以來這裡享受美味正宗的深夜韓式美食餐廳。與你介紹我最喜歡的現代韓式料理Take31，最晚營業到凌晨2點半，非常適合看完百老匯後前來這裡用餐。能夠在深夜時刻，享受熱騰騰的韓式部隊鍋，搭配一口店家自製的水果馬格利酒，有什麼比這更幸福的事呢？

港式飲茶料理
Dim Sum Palace

334 W 46th St, New York, NY 10036 | (212)510-7714 | 週一～五11:30～01:30，週六、日10:30～01:30

距離百老匯劇院非常近的港式飲茶餐廳金滿庭(Dim Sum Palace)，也是我非常推薦看完百老匯後，可以坐下來享用佳餚的美食名店。除了提供正宗的飲茶料理外，金滿庭營業時間到半夜1點半，看完劇再晚都有食物可以吃。而且飲茶最棒的好處是，不用點太多。兩個人簡單點幾道燒賣、蝦餃、叉燒包或奶黃包，餓的話可以再加點炒麵或炒飯。一邊討論剛剛音樂劇的心得，一邊享受道地的港式美食，是身心靈都充實滿足的夜晚。

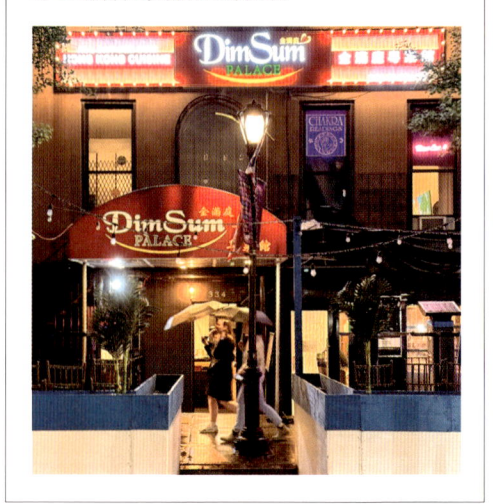

法式料理
La Grande Boucherie

145 W 53rd St, New York, NY 10019 | (212)510-7714 | 週一～五08:00～00:00，週日09:00～00:00

若想要坐下來在餐廳好好享用晚餐，紐約知名法式餐廳La Grande Boucherie，靠近百老匯且營業時間至半夜12點，是很不錯的選項。店內浪漫美麗的空間與美味的法式料理，絕對是看完劇後約會續攤的好去處。

韓式嫩豆腐鍋名店
BCD Tofu House

5 W 32nd St, New York, NY 10001 | (212)967-1900 | 週日～四10:30～01:00，週五、六10:30～05:00

創立於洛杉磯，以正宗美味、豐富多樣的小菜，撫慰了眾多韓國海外遊子深夜思鄉的心情。紐約分店營業至凌晨5點，是韓國城首屈一指的熱門餐廳，週末深夜時段依然高朋滿座。推薦他們家的L.A. Galbi Combo——軟嫩甜鹹的韓式帶骨牛小排，搭配嫩豆腐鍋，一口白飯一口肉，再品嘗滋味豐富的嫩豆腐，非常滿足！

韓國家常料理
Tosokchon NYC

14 E 33rd St 1FL A, New York, NY 10016 | (646)398-8880 | 週一～三11:30～04:00，週四～六11:30～06:00，週日11:30～22:30

我的私房口袋名單。Tosokchon既沒有華麗的裝潢，也沒有可以放在IG上吸引目光的菜色。他們家提供的，是各式各樣道地的韓國家常料理。從辣炒年糕、石鍋拌飯、豬肉湯飯到海鮮煎餅、蔘雞湯或烤牛肉，所有你常見的韓國料理幾乎都可以在這裡找到，而且口味都在水準之上，是經過我韓國朋友們認可的美味。

事實上，這間店最大的亮點，是驚人的營業時間：最晚營業到早上6點！因此不僅是看完百老匯表演，這間餐廳也是我每次聽完演唱會、看完球賽喝完酒、或旅遊出差深夜回到紐約後，享用家常料理溫暖我心的必吃餐廳。

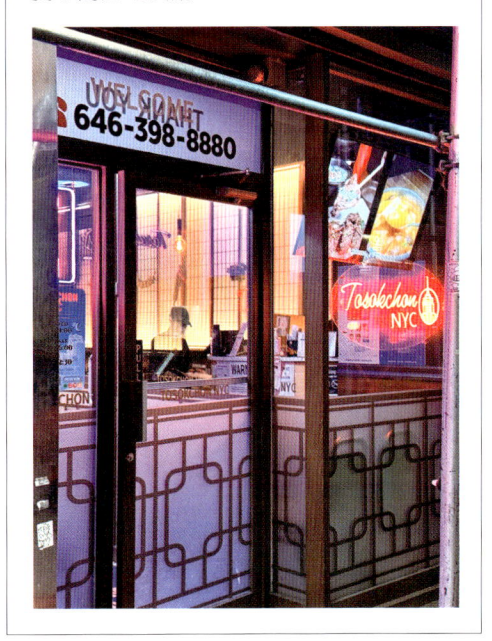

務必品嘗的紐約美食

說到紐約的美食，不曉得大家心裡會出現什麼樣的料理呢？紐約是世界的首都。在這顆大蘋果內匯集了來自世界各國的移民，帶來了家鄉最道地的美食。有些食物經過時間和歷史的淬煉，成為了紐約經典的一部分；有些食物則歷久彌新，成為該文化獨樹一幟的特色，受到紐約人的推崇與喜愛。

不容錯過的紐約經典款

Brunch | 早午餐

紐約，是全世界早午餐店家的一級戰區。能夠在紐約受到歡迎且屹立不搖的餐廳，絕對是早午餐界的一時之選。以下跟你分享我非常喜愛、也是紐約熱門的人氣早午餐店家。

復古鄉村風格 Brunch

Freemans

Freeman Alley, New York, NY 10002 | (212)420-0012
週二～六11:00～23:00，週日、一11:00～22:00

大概是曼哈頓最美的早午餐之一。首先要找到這間餐廳並不容易，是真正的「藏身在巷子裡」。

走到巷子底推開門，映入眼簾的是與外面塗鴉藝術形成強烈對比的復古鄉村風格。彷彿就像是走進農村旁的一間狩獵小屋，你與朋友找到了一個擺滿書與酒的溫馨角落座位，點了店裡最熱門的Devils on Horseback，一種由椰棗佐上起司再以培根捲起的前菜，是派對裡的常見小點；以及Hot artichoke dip，由朝鮮薊、奶油乳酪和帕馬森起司組成的熱沾醬。「Cheers!」沾上麵包與朋友一起享用，一邊聊天、一邊品嘗經典的英式早餐(English Breakfast)。

環顧餐廳四周，餐廳內每一個小房間都有獨特的家具擺設。牆壁上書櫃旁精心裝飾的各種細節，讓你和朋友一致決定下次要再一起造訪。

1.在布滿嘻哈塗鴉藝術街道的巷子底，隱身著一間具有獨特魅力的餐廳／2.一踏入店內，就像是走進一間殖民地時期的美式鄉村獵人小屋／3.英式早餐是來這間餐廳推薦品嘗的經典美味

務必品嘗的紐約美食 **NY**

布魯克林早午餐的王者

Sunday in Brooklyn

348 Wythe Ave, Brooklyn, NY 11249 | (347)222-6722 | 週三～日08:00～22:00，週一、二08:00～16:30

　　坐落在紐約文青的匯集地威廉斯堡，大名鼎鼎的Sunday in Brooklyn集結了所有社群媒體熱門餐廳的特色：大排長龍的隊伍、熱鬧鼎沸的交談聲、店內隨手一拍就是IG美圖；但有一點不同的是，他們家的食物是讓人驚豔的好吃。在這裡你可以找到熟悉美味的但又有點不同的早午餐料理，像是加入了西班牙辣味莫利醬的歐姆蕾蛋捲Don Ruben Omelette、添加了以韓式辣醬融合蒜泥蛋黃醬的Egg & Cheese Sndwich、還有加入了來自義大利南部卡拉布里亞辣椒的Avocado Toast。

　　他們家的同名招牌料理Sunday pancakes——厚實的鬆餅淋上一層帶有楓糖風味的焦糖榛果醬，最後再上一片榛果奶油——更是每次來的必點菜色。這間店熱門的程度，甚至橫跨大西洋到了倫敦開了兩間分店。大家來紐約的話，有機會記得安排一天來嘗嘗這間布魯克林最受歡迎的早午餐人氣名店。

1. Sunday in Brooklyn是在布魯克林屹立不搖的早午餐人氣名店／2.他們家的同名招牌菜色Sunday pancakes，是每一桌客人幾乎都會點的美味／3.餐廳裡面外面都很美，很適合拍照打卡分享美麗的相片

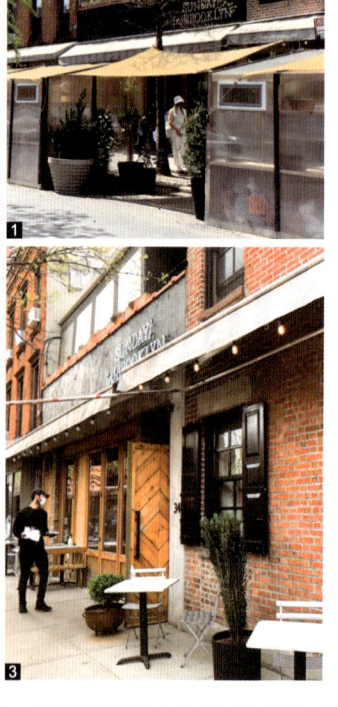

排隊熱門店，必點鬆餅
Clinton St. Baking Company

4 Clinton St, New York, NY 10002 | (646)602-6263
週三～六09:00～22:00(16:00～17:30休息)，週日～二09:00～16:00

鬆餅是早午餐的靈魂菜色，如果只能推薦一間紐約的鬆餅早午餐的話，我毫不猶豫地推薦Clinton St. Baking Company。來到這間店必點的就是經典的美式鬆餅附帶楓糖奶油醬(pancakes with warm maple butter)，你可以選擇搭配野生緬因州藍莓(wild maine blueberry)、香蕉核桃(banana walnut)或巧克力塊(chocolate chunk)，最推薦選擇野生緬因州藍莓。新鮮微酸的藍莓，加上熱騰騰散發濃郁奶香味鬆餅，淋上一層他們家的招牌楓糖奶油醬。一口咬下去，甜香四溢的楓糖奶油醬在口中瞬間蔓延，接著感受到鬆餅內層柔軟、邊緣香脆的口感，而帶有酸甜滋味的藍莓又細膩地平衡掉過多的甜，非常美味！

另外也很推薦炸雞鬆餅(fried chicken & waffles)。由蜂蜜與塔巴斯科辣椒醬(tabasco)調味的炸雞，加上由香草酪乳製作的比利時格子鬆餅，記得淋上他們的招牌楓糖奶油醬。炸雞不是多汁的類型但調味真的是一絕，搭配甜甜的鬆餅，鹹鹹甜甜的滋味非常值得嘗試看看。

這間店非常熱門，儘管有保留位子給現場候位，但週末假日常要等上一兩個小時才能入座。由於等候區非常小又靠近廁所，強烈建議先預約。若預約不到，可以早上開門前就去排隊，會節省不少時間。

1.他們家經典的藍莓鬆餅，來紐約務必不要錯過／2.Clinton St. Baking Company是紐約的經典鬆餅代表／3.店內人潮絡繹不絕，現場候位要有排上一段時間的心理準備

Bagel ｜貝果

什麼食物最能代表紐約？貝果絕對是其中之一。道地的紐約貝果，外層富有嚼勁、內層紮實綿密。來紐約請務必試試看。

先選貝果，再選配料組合及抹醬

Tompkins Square Bagels

165 Avenue A, New York, NY 10009
(646)351-6520 ｜ 07:00～17:00

有著鮮明個性的貝果專賣店。一進到店裡，菜單選擇琳瑯滿目。如何點餐呢？先選擇貝果，像原味、全麥、以及在美國很受歡迎被稱作everything的口味──由芝麻乾、罌粟籽、大蒜、鹽與洋蔥乾組合而成。接著是抹醬，可試試看熱門的香蔥奶油乳酪。最後選擇配料：蛋、起司、酪梨等等。

如果貝果想要烘烤(toasted)的話記得跟店員說一聲。點好餐後拿著單子到櫃檯結帳，不出一會即可享受到讓紐約人愛不釋手的道地美味。

1.就像是隱藏在社區裡的美食名店。外觀平凡無奇，店裡可是大排長龍／2.櫃檯上方寫著滿滿的菜單種類與搭配組合／3.選擇困難症者要留意，這裡有超多種貝果的抹醬和配料

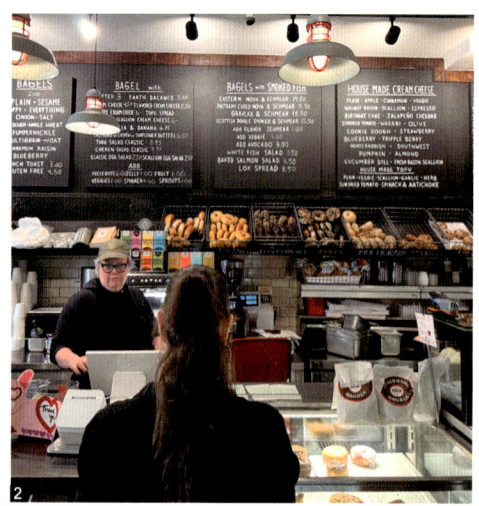

不可錯過的燻鮭魚奶油乳酪貝果

Russ & Daughters

創始店｜179 E Houston St, New York, NY 10002｜(212) 475-4880｜08:00～16:00
Café (有內用座位)｜127 Orchard St, New York, NY 10002｜(212)75-4881｜週一～四08:30～14:30，週五～日08:30～15:30

你知道嗎？燻鮭魚奶油乳酪貝果(lox and cream cheese bagel)這道經典的貝果組合，是20世紀初來紐約的移民發明的。而1914年創立於曼哈頓下東區的Russ & Daughters，更是紐約燻鮭魚貝果的傳奇代表。進入狹小的店內，左右兩側櫃檯擺滿了各式食材，右側是麵包與甜點，左側則是各種醃漬魚類與抹醬。這間店僅提供外帶，不過幾條街外有他們家的cafe可內用點餐。

1.進門先領取號碼牌，師傅會一對一幫你製作餐點。若要購買麵包或甜點的話不用取號，直接去櫃檯點餐就好了／2.創始店的門口。這間百年老店已成為紐約文化中的一部分／3.擺放各種醃漬魚類、抹醬與貝果配料的櫃檯。不知道該怎麼搭配，可以參考櫃檯上的菜單(寫著sandwiches)，有店家幫你搭配好的組合／4.也可前往他們家的cafe內用。在室內享受由燻鮭魚、奶油乳酪、續隨子與紅洋蔥組合而成的經典美味貝果

燻鮭魚、奶油乳酪與貝果都不是發源於紐約，但就像紐約這座城市一樣──來自各地的文化在此匯聚、激盪、轉化出新的特色。有機會來紐約的話，千萬不要錯過這道誕生於紐約的傳奇美食：燻鮭魚奶油乳酪貝果。

務必品嘗的紐約美食 NY

Burger | 漢堡

漢堡是美國的經典美食，既然來到了全美國的第一大城，在紐約，怎麼能夠不嘗試看看源自紐約在地的漢堡呢？

擁有超過 400 間分店的經典漢堡店

Shake Shack

Madison Square Park創始店 | 23rd St and Madison Ave, New York, NY 10010 | (212)889-6600 | 10:30～22:00

2001年發跡自紐約麥迪遜廣場公園的Shake Shack，最初只是一間小熱狗攤，到現在已成為超過400間店的跨國連鎖餐廳。Shake Shack也被視為是東岸的漢堡代表，與西岸的In-N-Out分庭抗禮。第一次吃Shake Shack，推薦試試看他們家的經典款：ShackBurger。

而我個人最喜歡的則是Shack Stack——在經典款的基礎上再升級，加上一大塊外層酥脆、內層蘊含爆漿起司的波特菇。一口咬下去，你可以同時感受到多汁的牛肉與鮮甜的香菇，融化的起司、鬆軟的麵包與獨家醬料，共同交織成Shake Shack獨一無二的美味。

1.位在麥迪遜廣場公園內，全世界第一間Shake Shack／2.即使過了晚餐時間，依然有不少人在排隊取餐／3.Shack Stack漢堡、薯條和奶昔，是來Shake Shack不能錯過的經典組合

外貌不起眼，卻非常美味誘人

7th Street Burger

East Village創始店 | 91 E 7th St, New York, NY 10009 | (646)224-6919 |
週日～三12:00～01:00，週四～六12:00～03:00

　近年來在紐約，掀起了一股smash burger的炫風。與傳統漢堡強調的──飽滿厚實的漢堡肉、生菜、番茄、洋蔥和起司層層堆疊的完美外型截然不同；smash burger就像是一個離經叛道、玩世不恭的美食家，刻意把漢堡肉壓扁(smashed)成薄薄一片，煎烤完後也只加上起司、洋蔥和幾片醃黃瓜，最後蓋上烤過奶油的麵包。成品雖然不好看，但就是這麼簡單的美味，擄獲了許多紐約人的味蕾。

　為什麼壓扁的漢堡會好吃呢？肉汁不是會跑掉嗎？其實壓扁後的漢堡肉，因為被大面積地高溫煎烤，容易產生更多的風味；再加上迅速加熱，漢堡肉微焦的外層反而能把肉汁鎖在裡面，造就了smash burger獨特的滋味。

　想要體驗最接近紐約人日常生活的smash burger的話，務必品嘗看看7th Street Burger，在紐約各地都設有分店。7th Street Burger就是那種你在紐約跟朋友喝完酒、看完電影或百老匯，深夜肚子餓想要吃點什麼再回家的時候會去的店。店裡幾乎沒有座位，大家買好後就直接站在店門口吃。手上拿著這個小小的漢堡，外觀長得不怎麼樣、既油膩又不健康，但真的很好吃。

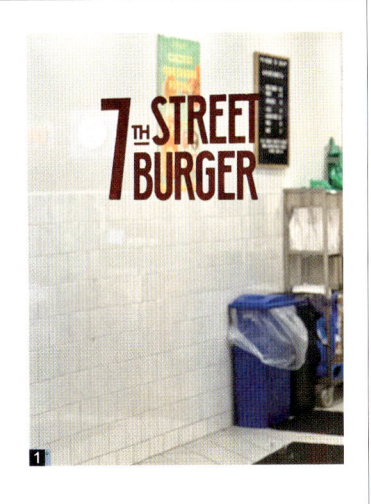

1.7th Street Burger店內非常簡樸狹窄，幾乎可以說是沒有裝潢擺設／2.食物美味才是最重要的，尤其到了週末深夜，店內總是可以看到滿滿的顧客／3. Smash burger的賣相實在是稱不上美觀，但非常美味

務必品嘗的紐約美食 **NY**

Steakhouse ｜牛排館

　　全美國第一間牛排館就是在紐約設立的。19世紀中葉，在紐約陸續創立的牛排館，是當時許多社會菁英階級，晚宴聚餐品味佳餚的社交場所。也因此，不論是喜歡歷史或是純粹的美食饕客們，紐約的牛排館，絕對是你不可錯過的美食景點。

紐約人聚餐的好選擇

Wolfgang's Steakhouse

創始店｜ 4 Park Ave, New York, NY 10016 ｜ (212)889-3369 ｜ 週一～四12:00～22:00，週五～六12:00～23:00，週日12:00～21:30

　　在曼哈頓有多間分店，是許多紐約人約會生日聚餐、慶祝紀念日的高級餐廳選擇。創始人Wolfgang曾經在紐約經典牛排館Peter Luger服務超過40年。2004年自己出來開業後，這間餐廳隨即獲得許多紐約人的喜愛，之後更在世界各地像是日本與韓國開設多間分店。

　　餐廳僅選用USDA Prime等級的安格斯黑牛，並且搭配乾式熟成技術。因此，不論是必點的porterhouse，或是散發誘人香氣、肉質鮮嫩的肋眼牛排(rib eye steak)都非常美味。如果是多人用餐的話，可以試試看他們家的奶油菠菜(creamed spinach)或厚切培根(sizzling canadian bacon)，都是很棒的選擇。

1.USDA Prime等級乾式熟成安格斯黑牛，經典的美味／2.Wolfgang餐廳的裝潢是比較現代高級的風格／3.即使是一個人，也可以放心地走進牛排館用餐

歷史悠久的經典牛排館

Keens Steakhouse

📍 72 W 36th St, New York, NY 10018 | 📞 (212)9473-636
🕐 週一～五11:45～22:30，週六17:00～22:30，週日17:00～21:30

1885年創立的Keens，是紐約最古老的牛排館之一。一進入餐廳，彷彿就像踏入了時光隧道般，店內的典雅擺設與木質裝潢，牆上掛滿了這百年以來餐廳顧客的照片，瞬間來到了鍍金時代的紐約。抬頭一望天花板，你會發現上面擺設了一根根細細的煙斗，由於煙斗脆弱不易攜帶，所以當時的旅人們，會把煙斗寄放在自己喜歡的旅館或餐廳內。Keens作為知名的美味牛排館，也因此吸引了許多名人顧客並收藏了他們的煙斗，像是老羅斯福總統、貝比魯斯、J·P·摩根、愛因斯坦、道格拉斯·麥克阿瑟、史蒂芬·金，都是這間餐廳的忠實顧客。

1.Keens的外觀，光是站在門口就能感受到與眾不同的歷史感／2.Lillie Langtry room的天花板上掛滿了煙斗／3. USDA Prime等級乾式熟成的porterhouse，是首次拜訪牛排館的推薦選擇

除了有著豐富的歷史，Keens的餐點也令人印象深刻。如果是第一次來，推薦USDA Prime等級乾式熟成的porterhouse——取自牛腰脊部分，由菲力和沙朗構成，形狀T字形的肉排。你可以一次品嘗到軟嫩鮮甜的菲力，與適當嚼勁油花均勻分布的沙朗。

另外，超過26盎司的巨大羊肉排(mutton chop)也是他們家的招牌，喜歡吃羊肉的話務必要試試看。超過140年的悠久歷史，Keens不僅是紐約名人雅士聚餐、享受佳餚的場所，他更是紐約過去與現在的連結，承載了這座城市輝煌的故事與歷史。

帶給你正宗紐約牛排體驗

Smith & Wollensky

創始店 | 797 3rd Ave, New York, NY 10022 | (212)753-1530 | 週一～五11:45～22:00(14:30～17:00休息)，週六17:00～23:00，週日17:00～22:00

也是我非常喜歡的牛排館，儘管在臺灣設有分店，但位於49街第三大道的創始店，依然是來紐約很值得嘗試的牛排館。一踏入餐廳，店內溫馨木質調的老派美式風格、熱情服務的白色西裝大叔、牆上掛滿了來訪過的名人照片或報章雜誌，彷彿是身處在美劇或電影裡的場景裡。

餐點更不用提，USDA Prime等級加上乾式熟成是基本要求。特別推薦他們家經典的26盎司Prime Rib，肉質鮮嫩多汁、咀嚼在嘴裡唇齒留香。Smith & Wollensky絕對能帶給你正宗的紐約牛排餐廳體驗。

1.Smith & Wollensky創始店經典的綠白配色。年末佳節期間還會換上不同的裝飾／2.餐廳內也有許多牛排以外的佳餚。菜單是以厚實的木框呈現，很有質感

曾是紐約最強牛排館：Peter Luger Steak House

許多旅遊書都會推薦的紐約必吃牛排餐廳Peter Luger，是就算沒來過紐約也可能耳聞過的美食名店。然而近年來，參差不齊的料理品質，令人失望的服務態度，對不起這個價位餐廳應有的水準。儘管仍有一批忠實的粉絲，但紐約人們逐漸注意到，Peter Luger是不是要跌下神壇了？

終於在2019年，紐約饕客間有著舉足輕重分量的紐約時報飲食評價，對這間餐廳給出了當時引起極大震撼的「零分」，文章裡甚至提到：吃完結帳後，有一種深深被詐騙的感覺。

若是第一次來紐約，想體驗這間曾經的經典牛排館當然沒問題。但必須有心理準備，他們已非紐約最好的牛排館了。同樣的價格，在紐約有更多餐點品質一致、用餐體驗更棒的牛排館。溫馨提醒，此餐廳只接受現金或美國金融卡，不接受信用卡。

178 Broadway, Brooklyn, NY 11211 | (718)387-7400 | 11:45～21:30

1.儘管位置相對不方便，但名氣依舊吸引了眾多遊客前來／2.餐廳內人聲鼎沸，非常熱鬧／3.經典的porterhouse。看著滋滋作響的牛排，是視覺與聽覺的一大享受

在地人大推！世界美食大集合

紐約匯集了世界各地的移民。在紐約的各國料理，大概是全世界僅次於該國最道地的菜色了。這裡跟你分享只在紐約有、或是在紐約發跡的美食餐廳，而且以有多間分店的餐廳為主——代表他們已在紐約站穩腳步，受到紐約人喜愛而成為紐約生活的一部分；大家在安排旅遊計畫時，可依行程選擇合適的分店位置前往品嘗。

韓國料理
Take31

📍 15 E 31st St, New York, NY 10016　📞 (646)284-5540
🕒 週日～四17:00～00:30，週五、六17:00～02:30

1.營業到凌晨，是紐約夜貓族們的韓式深夜食堂／2.炙烤五花肉年糕以及各式各樣充滿特色的調酒，是他們家的定番美味組合

如果說Cho Dang Gol是紐約的韓國傳統料理名店，Take31就是紐約的韓國現代料理代表。這間店就像是20歲後半30歲初的年輕人，這個階段的朋友聚餐，不再是追求熱鬧的氣氛或新奇的事物，而是冀望能夠與真正交心的朋友們，一起享受帶給內心溫暖、回味無窮的佳餚美食。

特別推薦他們家的炙烤五花肉年糕(pork belly rice crepe wraps)，這是一道以韓國傳統甜點黃豆粉年糕為靈感的菜色，利用麻糬為原料做出的薄餅，烤過後沾裹黃豆粉，再以像海苔飯卷的形式包裹住炙燒後的五花肉。一口咬下去，軟Q的年糕和口感細緻的瘦肉形成強烈的對比，五花肉的鹹香與黃豆粉的甜味，組合而成不敗的鹹甜完美方程式，非常獨特的美味。

另外也很推薦試試，牛小排浣熊韓式炸醬麵(short rib chapaguri)，這是一道出現在電影《寄生上流》而廣受歡迎的現代韓式料理。美味撫慰人心的食物，質樸別緻的用餐環境，Take31是我與朋友們聚會，想要享受現代韓國料理時的不二選擇。

韓國料理

Cho Dang Gol

chodanggolnyc.com | 55 W 35th St, New York, NY 10001 | 週一～四12:00～21:15(14:15～17:00休息)，週五～日12:00～21:15

曼哈頓的韓式料理之王。我身邊所有韓國朋友一致推薦，就連韓國長輩們也都讚不絕口的美食名店。以自家製的豆腐與傳統韓式美食聞名，Cho Dang Gol的韓式拌飯、豆腐鍋、海鮮煎餅等每一道料理都非常美味，沒有雷。

私心最推薦菜包肉(bossam)，精心燉煮的五花肉，恰到好處的油脂沒有任何腥味，搭配菜包肉專屬的自家製泡菜，上面再放上一片生大蒜，一口吃下去，五花肉的柔軟鮮甜融入泡菜的酸辣滋味，再加上時而蹦出畫龍點睛般的蒜味，絕對是你不能錯過的美味。此外，也非常推薦他們家的泡菜豆渣燉湯(kimchi soybean curd stew)。這是一道外面餐廳少見，但韓國家庭非常普遍的家常料理。以稍微酸辣的泡菜燉煮，帶出豆渣濃郁的豆腐風味，再加上切成小塊的豬肉，口感調味層次豐富，每一口都讓人非常滿足。除了令人驚豔的料理以外，他們家的菜單還會隨季節更換，不時推出新的料理。像是沁涼爽口、帶有濃郁豆香的豆漿冷麵(kong-guksu)，就是夏季才有的限定菜色。也因此每次拜訪Cho Dang Gol總是能夠帶來不同的驚喜。

每日新鮮現做的豆腐，對每道料理細節的掌握，隨季節推陳出新的菜單。這就是為什麼Cho Dang Gol能夠自1997年創立以來，在紐約屹立不搖的原因。餐廳內總是高朋滿座，餐廳外常常大排長龍。店家不接受預約，必須現場登記候位。週末用餐時段等一兩個小時以上是常態。建議大家務必提前先去排隊。

1.走傳統風格的店內擺設，結帳時還會附上韓國傳統點心藥菓／2.就算是非用餐時段，餐廳外也總是有不少人潮／3.我最推薦的菜包肉(左)。夏天限定韓國人也認可的美味豆漿冷麵(中上)以及期間限定的安東燉雞(右)

韓國料理

Hojokban

128 Madison Ave, New York, NY 10016 | (646)454-0008
| 週日～四12:00～23:00(15:00～17:00休息)，週五、六 12:00～00:00 (15:00～17:00休息)

　　來自首爾江南清潭洞的Hojokban，是近年來紐約韓國年輕人之間人氣急速攀升的大勢名店。Hojokban指的是虎足盤，是一種在韓國用來接待貴賓的桌子。他們家的菜色風格主打的是韓式靈魂料理(Korean seoul food)，用韓式風格搭配現代元素，烹飪出能夠慰藉心靈的美味佳餚。

　　前菜可以試試看他們家最受歡迎的松露馬鈴薯煎餅(truffle potato pancake)，以韓式家常料理馬鈴薯煎餅為靈感，製作成小片煎餅的形式，其上添加了松露美乃滋、培根與帕馬森起司。一入口，滑嫩的美乃滋溫柔地包覆著外酥內軟的煎餅，一陣陣濃郁的起司和培根，伴隨著松露的香氣不斷地刺激味蕾，是會讓人停不下來的美味。

　　主菜推薦他們家的招牌菜色Hojok galbi，韓式醬料醃製過的去骨牛小排，軟嫩的肉質搭配香甜的醬料，一口接著一口非常過癮。還有每一桌客人必點的拉麵炒飯(ramyun fried rice)也很推薦，利用辛拉麵的調味料來料理炒飯，並加入了大量的培根，再灑上辣油與大把蔥花，最後蓋上辛拉麵的碗作為裝飾，是一道味覺與視覺都讓人印象深刻的靈魂美食。

1.充滿年輕氣息的Hojokban，店內從菜單、餐具到紙巾都充滿自家特色風格／2.他們家的同名招牌菜Hojok galbi，用虎足盤盛裝，非常有氣勢／3.令人驚豔不已的美味前菜：松露馬鈴薯煎餅／4.拉麵炒飯不僅美味，也是一道吸睛十足、Instagramable的料理

務必品嘗的紐約美食　NY

泰式料理
Soothr

📍 204 E 13th St, New York, NY 10003 ｜ 📞 (212)844-9789
🕐 週日～四12:00～22:00(15:30～17:00休息)，週五、六12:00～23:00 (15:30～17:00休息)

我心目中第一名的紐約泰國料理餐廳。Soothr是泰文裡「食譜」的意思，走進店內，酒吧旁大大的橘色霓虹燈，泛黃的燈光映照在復古的鮮紅色壁紙上，再往裡面走別有洞天，掛滿綠色植栽的後院，天花板的電風扇和窗邊的木廉，一瞬間彷彿身處在五顏六色的曼谷街頭，熱鬧喧嘩又充滿活力。

他們家的招牌料理是麵食，尤其是鴨胸肉麵(duck noodles)，一片片粉紅色的軟嫩鴨胸，搭配濃稠的自家製肉汁醬與雞蛋麵，是一道介於乾麵與湯麵的美味料理。特別推薦他們家的泰式黃咖哩蛋炒蝦(koong karee)，咖哩奶香濃郁而不膩、鮮嫩的炒蝦加上柔順的炒蛋，拌著飯一起吃，一回神半碗飯就不見了。加碼再推薦同名招牌泰式蒸餃(Soothr jeeb dumplings)，一大顆的蒸餃包裹滿滿的豬肉與蝦內餡，彈牙軟糯的外皮與豐富的調味，蘸上醋與醬油，一口吃下去非常滿足。

Soothr不僅提供美味正宗的泰國料理，更是把泰國菜精緻美麗、豐富多元化的樣貌帶到紐約人們的面前，再加上時髦、現代又充滿特色的用餐氛圍。絕對是你來紐約不能不試的道地泰式餐廳。

1.五彩繽紛的店面外觀，彷彿置身在熱鬧的曼谷街道／2.鮮艷飽滿色彩一路延伸至店內與吧檯／3.鴨胸肉麵(左)、泰式蒸餃(中)與泰式黃咖哩蛋炒蝦(後)是他們家的經典人氣料理

義式料理

La Pecora Bianca

📍 1133 Broadway, New York, NY 10010 | 📞 (212)498-9696 | 🕐 週一～三11:30～22:00，週四～五11:30～22:30，週六10:00～22:30，週日10:00～21:30

　　店名直譯是白色的羊，La Pecora Bianca在曼哈頓有多間分店，皆位在SoHo、Upper East等紐約人聚會的熱門地區。浪漫優美的氣氛，體貼細緻的服務，再加上穩定一致的餐點品質，是紐約人上義大利餐廳的安心選擇。

　　開胃菜就先從添加了松露蜂蜜打發後的瑞可塔起司(whipped ricotta)開始吧，用烤麵包輕輕抹上一層起司品嘗，胃口瞬間大開。來到了義大利餐廳，道地彈牙的義大利麵絕對不能錯過。經典的黑胡椒乳酪麵(spaghetti cacio e pepe)或是添加伏特加醬與絲綢起司的美式義大利麵(Rigatoni)，都是非常推薦的選擇。最後不要忘了用道地的義式甜點提拉米蘇，為這頓晚餐劃下完美的收尾。

1.餐廳氣氛也很適合獨自用餐／2.Rigatoni(右)與Tagliatelle波隆那肉醬寬麵(左)都令人印象深刻

美式餐廳

The Smith

📍 956 2nd Ave, New York, NY 10022 | 📞 (212)644-2700 | 🕐 週一～五08:00～23:00，週六～日09:00～23:00

　　每當有臺灣朋友來紐約，希望可以體驗紐約流行的美式餐廳時，The Smith總是我第一個想到的選擇。年輕潮流又帶有溫馨氣息，此起彼落的交談聲、輕鬆自在的氣氛，這是一間你可以輕鬆走進去的餐廳。源自紐約的班尼迪克蛋、來自加州的酪梨吐司、經典的漢堡三明治或沙拉，The Smith不僅是一間美味的現代美式餐廳，更是一間可以讓你感受到都會美式潮流樣貌的場所。

　　環顧四周，可能是同事下班後喝一杯、可能是好友週末聚會聊天。坐在餐廳裡，有那麼一瞬間彷彿你也成為了紐約人，在這座城市裡生活。

輕鬆溫馨、老少咸宜的環境，再加上提供各式各樣的美味餐點，The Smith是紐約都會現代美式餐廳的典型代表

法式料理

Boucherie

📍 225 Park Ave S, New York, NY 10003 | ☎ (212)353-0200 | 🕐 11:00～00:00

紐約最廣為人知的傳統法式餐館，Boucherie每一間分店氣氛都非常優美：溫暖放鬆的燈光、優雅的白色磁磚、大量鏡子與挑高空間形成的明亮感。舒適的用餐環境與美味的食物，是許多紐約人白天早午餐、夜晚約會聚餐的場所。紐約客牛排薯條(Steak frites)、黑胡椒菲力牛排佐白蘭地奶油醬(Steak au poivre)、自家製的鵝肝醬慕斯(mousse de foie gras)等等經典的法式料理，都是他們的熱門招牌。

值得一提的是，在Union Square、West Village或是53街的分店都營業至半夜12點，因此Boucherie也是紐約夜貓子們的絕佳法式餐廳選擇。

1.店內裝潢擺設美麗典雅／2.紐約客牛排薯條，是最具代表性的法式佳餚之一

墨西哥料理

LOS TACOS No.1

🌐 www.lostacos1.com | 📍 75 9th Ave, New York, NY 10011 | 🕐 週一～六11:00～22:00，週日11:00～21:00

被許多紐約人認為是紐約第一名的墨西哥塔可(tacos)美食餐廳。斗大的白底黑字招牌和可口可樂標誌，幾乎沒有設立座位的店內空間，每到用餐時刻總是大排長龍的蜿蜒隊伍──LOS TACOS No.1，是一間具有鮮明特色的塔可名店。

個人最推薦的塔可選擇是醃製豬肉搭配玉米餅皮，加上「taco con todo」意思是taco with everything：洋蔥、香菜、莎莎醬與酪梨醬，組成完美的塔可。另外也很推薦加點一杯清涼的歐洽塔(horchata)，以大米為基底，加上肉桂、香草和煉乳融合而成的甜蜜透心滋味。他們家的塔可和歐洽塔是墨西哥人都稱讚的道地口味。

快速點餐指南

先決定要塔可餅(tacos)還是餡餅(Quesadilla)，若塔可的話可再選擇要玉米粉餅皮(corn)或小麥粉(flour)餅皮；主菜有4種選擇：香煎牛排(carne asada)、炙烤雞肉(pollo asado)、醃製豬肉(adobada)或烤仙人掌(nopal)。

日式料理

Raku

http www.rakunyc.com | 342 E 6th St, New York, NY 10003 | 週一17:00～21:30，週二～四12:00～21:30，週五、六12:00～22:30，週日12:00～21:30

紐約最好吃的烏龍麵。麵條口感勁道富有嚼勁，湯頭濃郁暖心暖胃。最推薦他們家的Niku烏龍麵，由牛肚、牛筋與肉質軟嫩入口即化的去骨牛小排，加上由高湯燉煮入味的蘿蔔所組成的熱烏龍麵；再加點海苔山椒辣油，一口湯喝下去，剎那湧現彷彿品嘗紅燒牛肉麵的懷念感。想要清淡一點的話，可試試由肋眼牛肉片和東京蔥組成的Gyunan或經典的油炸豆皮烏龍麵(Kitsune)。

不論是寒冷的冬天或酷熱的夏天，來上一碗熱呼呼的烏龍麵或沁涼透心的冷麵，Raku的料理不僅美味，更慰藉了眾多思念亞洲菜的留學生心靈。

1.簡樸的餐廳正門很容易不小心錯過／2.炸雞塊(chicken tatsuta-age)外表酥脆肉汁四溢，讓人胃口大開

日式料理

Sobaya

229 E 9th St, New York, NY 10003 | (212)533-6966 | 週一～四12:00～21:00，週五、六12:00～22:00，週日12:00～20:00

1996年開業於東村，是連日本電視台都曾經特地前來採訪的蕎麥屋專賣店。掀開店門口的暖簾，踏入屋內，迎面而來的是典雅溫馨的和風氛圍，彷彿瞬間從紐約來到了東京。

Sobaya是我從剛來紐約就一直吃到現在的經典日式美味。充滿獨特香氣、自家製的蕎麥麵是這間店最大的特色，除了可選擇熱或冷的蕎麥麵外，也有烏龍麵或丼飯。推薦天婦羅蕎麥麵(Tempura Soba)或是帶有滿滿蔬菜的野菜烏龍麵(Yasai)，有機會的話務必要試試。

1.許多紐約臺灣留學生的共同回憶／2.充滿日式氣氛的用餐環境／3.可選擇熱蕎麥麵或冷蕎麥麵，冬天夏天都合適

務必品嘗的紐約美食 NY

越南料理

Saigon Shack

📍 114 MacDougal St, New York, NY 10012 | 📞 (212)228-0588 | 🕐 週日～四11:00～21:00，週五、六11:00～21:30

在紐約大學校總區念書時，我幾乎每週必訪的餐廳。第一次來推薦品嘗招牌河粉(Saigon Shack phở)，現切生牛肉片、牛肉丸與牛腩，熱騰騰的湯頭加在軟嫩的生牛肉片上，一口喝下去，鮮甜清香。記得加一點檸檬、九層塔和豆芽菜，前兩者讓湯頭更加清爽甘甜，而爽脆的豆芽則是使整碗河粉口感更具層次。另外再推薦，由檸檬香茅烤雞、烤蝦與春卷(grilled lemongrass chicken, shrimp & spring rolls)組成的越南蓋飯，滋味豐富且分量十足，滿滿的飽足感！

小祕訣：雖然菜單上寫只收現金，不過其實現場亦有接受venmo支付。若真的沒帶現金，可以向店員詢問QR code付款。

1.價格實惠，料理美味。是紐約大學學生的愛店／2.店內亦有吧台座位，一人用餐也非常適合

清真餐車

Adel's Famous Halal Food

📍 1221 6th Ave, New York, NY 10020 | 📞 (866)492-3357 | 🕐 週日～四18:00～04:00，週五、六18:00～05:00

黃色餐車The Halal Guys，起源紐約，擴展至全美，是舉世聞名的清真快餐。然而現在，紐約最新最熱門的清真料理已非黃色餐車，而是橘色餐車——Adel's Famous。

位於曼哈頓第六大道50街附近，很難不去注意到Adel's Famous餐車那超長的排隊人龍。第一次來的話，推薦嘗試他們家的chicken over rice(雞肉蓋飯)和lamb gyro(羊肉希臘三明治)。蓋飯可選yellow或spicy rice，spicy不會辣且增添風味；醬料有紅白綠三種選擇(可請店員把醬料分開包裝)，紅醬真的會辣，務必慎選。白醬則類似酸奶油蛋黃醬；綠醬嘗起來接近印度香菜辛香蕉醬cilantro chutney。現場菜單沒寫價格，但近期看到chicken over rice是驚人的$10，飽滿的分量和令人著迷的美味，難怪會大排長龍！

1.令人瞠目結舌的隊伍，1個小時以上的等待並不誇張／2.Chicken over rice加上薯條(左)與lamb gyro(右)

小撇步：他們可用Grubhub/Seamless點餐，外送或現場取餐皆可，直接跳過排隊！不過網路點餐價格會貴50%左右。

超人氣甜點店

甜點是另一個胃，在美國也是如此。就算吃得再飽，沒有甜點怎能稱為完美的結尾呢？以下介紹兩間非常具有紐約特色的甜點烘焙店，讓你的紐約之行，充滿甜美的回憶。

紐約最好吃的餅乾

Levain Bakery

📍 167 W 74th St, New York, NY 10023 ｜ 📞 (917)464-3769 ｜ 🕐 08:00～20:00

　　紅遍全美國的人氣烘焙坊，他們家的餅乾是我目前吃過全紐約最好吃的軟餅乾。Levain在紐約各熱門景點幾乎都有分店。若時間允許的話，可以造訪位於上西區74街的創始店，坐落於半地下室的溫馨小店鋪，門外排滿了長長的人龍；櫃檯後方，店員忙進忙出正在準備新鮮出爐的美味。他們家的餅乾厚實，外層酥脆，內層濕潤柔軟，非常美味，個人最喜歡的是巧克力核桃(chocolate chip walnut)，一定要趁剛出爐立刻品嚐，一口咬下，爆漿的巧克力加上核桃的香氣與口感，幸福療癒感爆棚。

　　喜歡巧克力的朋友，千萬不要錯過黑巧克力巧克力片口味(dark chocolate chocolate chip)，濃郁的黑巧克力餅乾，加上內層流出的巧克力醬交互形成的雙重奏，絕對會讓你對巧克力餅乾的認識帶到另一個境界。黑巧克力花生醬口味(dark chocolate peanut butter chip)也非常推薦，是我吃過最好吃的同類型餅乾。如果不想要甜口味，可以試試燕麥葡萄乾口味(oatmeal raisin)，也是我很喜歡的選擇。

1.位於上西區74街的創始店。鮮艷的藍色，半地下室的小巧空間，宛如走進童話故事裡的可愛烘焙坊／2.Levain的餅乾很扎實，一個人可能吃不完。如果想要一次嘗試不同口味，建議多人一起分享／3.餅乾口味種類眾多。櫃檯後方的店員正在忙碌準備餅乾

甜點與藝術的美麗結合

Lysée

www.lyseenyc.com ｜ 44 E 21st St, New York, NY 10010 ｜ 週二～四11:00～18:00，週五、六11:00～20:00，週日11:00～19:00 ｜ 週一

　　我心中紐約最美麗的甜點店。彷彿欣賞美術館展覽般的體驗，一道道精心製作的甜點，以藝術品的形式呈現在你眼前。創始人兼主廚Eunji Lee曾擔任米其林三星餐廳Jungsik的行政甜點主廚。2022年自立門戶開設Lysée，融合了韓式與法式元素，再加上紐約文化的點綴薰陶，Lysée旋即吸引了紐約甜點控們的目光，得到眾多人的喜愛。

　　他們家的同名招牌Lysée，結合韓式烘焙糙米慕斯與法式莎布蕾胡桃餅乾，並添加帶有焦糖堅果風味的帕林內(praliné)，外層緻密、內層酥鬆，伴隨著高雅細膩的甜，非常推薦。另一道人氣甜點corn，外觀看起來像是可愛的玉米毛絨寶寶，由玉米慕斯、法式莎布蕾和炙烤奶油玉米所組成，是一道看起來、吃起來都富饒趣味的甜品。最後記得試試看他們的季節水果塔，尤其是水梨柚子塔(pear-yuja tart)，以紐約在地梨子搭配韓國水梨、韓國黃金柚子與蜂蜜奶油，口感清爽香甜，是一道相當迷人的甜點。

　　Lysée的1樓是內用座位區，環境簡約典雅，可現場排隊但建議事先預約。2樓是外帶區，不需預約可直接前往。有機會的話務必來Lysée，享受一場味覺與視覺的美味饗宴。

1.Lysée的空間呈現出簡單雅致氛圍，服務人員非常友善／2.2樓就像是美術館。很推薦用餐完後到此逛逛，欣賞如藝術品般的美味甜點／3.由右下方順時針依序是經典招牌Lysée、水梨柚子塔、corn以及我吃過最好吃的Kouign-Amann

NYC Restaurant Week

紐約餐廳週
體驗米其林的絕佳時機

　　首創於1992年，紐約餐廳週是一個能既不傷荷包、又能體驗到平常高不可攀米其林餐廳的絕佳機會：午餐兩道菜或晚餐3道菜，30、45或60美元3種價格選擇。

　　餐廳週活動一年兩次，分別是冬季1月中與夏季7月中，通常會持續3～4週，大約在開始前一週就會開放預約。值得一提的是，參與餐廳週的高價位餐廳，因價位限制，其餐廳週菜單很可能不是他們家最強的料理，豐富度也無法與一般菜單相提並論。

　　因此大家前往用餐時，除了美味的食物外，也可以著重在享受餐廳的高級氛圍、精緻細心的服務等整體用餐體驗上。以下推薦幾間值得拜訪的米其林餐廳：

1. Crown Shy的入口，是經典的裝飾藝術派風格／2. The Bar Room at The Modern是紐約熱門的餐廳週餐廳，雖然名稱是bar但有桌子座位，用餐體驗無異於傳統的高級餐廳。與The Modern皆坐落於MoMA美術館內部

- **Gramercy Tavern(一星)**：創意現代美式料理的經典代表，連漢堡都很美味。這間餐廳同時也是許多紐約人約會紀念日的餐廳首選。

- **Francie(一星)**：位在布魯克林威廉斯堡，融合了法式元素的義式料理餐酒館。提供典雅質感的用餐氣氛與令人驚豔的佳餚。

- **Crown Shy(一星)**：高級現代美式餐廳。時髦的用餐環境與高挑的天花板，加上開放式的廚房，兼具味覺與視覺的體驗。

- **The Bar Room at The Modern**：本身並非米其林星級餐廳，但其與二星餐廳The Modern本質上是同一間，The Bar Room是比較輕鬆的用餐環境，兩者皆屬於MoMA的餐廳。能夠在美術館內享受精緻的佳餚，有什麼比這更美好的呢？

務必品嘗的紐約美食

紐約，越夜越美麗

夜幕低垂，華燈初上。想要感受完整版的紐約魅力，夜晚，絕對是你不能錯過的一環。紐約有著各式各樣令人眼花撩亂、目不暇給的夜生活：酒吧、餐廳、俱樂部，甚至連一些書店都營業至午夜12點。當你深夜時分在擁擠的地鐵上與陌生人聊天交談、當你凌晨3點在回家的路上看見餐廳依然燈火通明，那一瞬間，你深刻地體會到什麼是 the city that never sleeps。

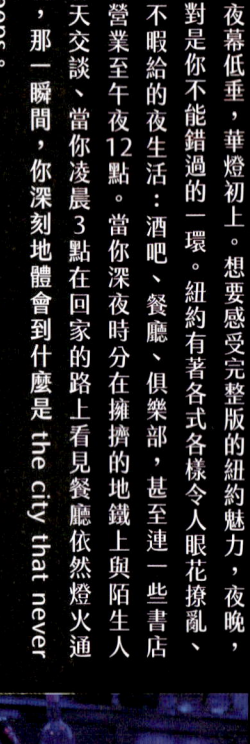

Nocturne

Speakeasy
祕密地下酒吧

地下酒吧的英文是Speakeasy。為什麼輕聲說話會演變成地下酒吧呢？根據紐約時報的報導，1888年的匹茲堡，當時一座酒館的老闆，因拒絕支付日益昂貴的販酒執照而違法經營酒館，所以每當有顧客吵鬧時，為了避免吸引注意力，他總是會要求顧客低聲細語，並說道：「speak easy, boys, speak easy」。

低調奢華風搭配鋼琴演奏

Bo Peep Cocktail and Highball Store

70 W 36th St, New York, NY 10018 | (917) 261-5495 | 週日、一17:30～00:00，週二～六17:30～深夜不定

位在曼哈頓36街的Bo Peep，大概是全紐約最不低聲細語的祕密酒館了。Bo Peep酒吧隱身在一間工業風美式餐廳的地下室，其實餐廳本身食物美味氣氛也很棒，但酒吧因位於地下室，氛圍更是迷人，低調奢華的橘黃色燈座、紅色復古絲絨沙發、現場鋼琴演奏。一踏入酒吧內，會立刻感受到鋼琴家絕妙的氣氛渲染力，演奏的曲目多半是膾炙人口的流行歌曲，所以常常可以看到整個酒吧全場大合唱的場景。更特別的是，酒吧店員每一位都很會唱歌！前一秒還在幫你點餐收盤子，下一秒立刻站上台引吭高歌展現強大氣場，表演完後又再繼續幫客人點餐。是一間非常具有獨特魅力的祕密鋼琴酒吧。

除了調酒、葡萄酒與啤酒以外，Bo Peep也有提供不少熱食與甜點，像是比薩、炸物、焦糖布蕾或提拉米蘇。很適合晚餐約會結束後前來這裡續攤，享受專屬於大人的微醺之夜。

1.低調奢華的復古氛圍是這間地下酒吧的魅力之一／2.餐點與調酒的種類不少，而且都滿好吃的／3.紅絲絨沙發與昏暗的燈光，讓人完全沉醉於絕妙的鋼琴演奏與歌聲當中

安靜沉穩的日式酒吧
Angel's Share

www.angelssharenyc.com | 45 Grove St, New York, NY 10014 | 週二～六17:00～00:00 | 週日、一

我最喜歡的地下酒吧。他們還在東村時我就經常造訪，當年這間日式祕密酒吧隱身在一間居酒屋2樓角落的門後方，沒有任何招牌告示，神祕感十足！疫情過後，Angel's Share幾經轉折最後落腳在西村一間住宅的半地下室。儘管有了獨立的店面，門口依然沒有擺放任何招牌，低調的外觀，仍保有祕密酒吧的特色。

經過店外漫長的排隊後，隨著服務人員的指引，進入到室內的候位區，這裡離真正的酒吧還有一道門的距離。隔著牆壁，隱約傳來迷人的爵士樂與人們的細語呢喃，時而輕聲絮語，時而進出一陣歡笑。透過牆上的水波紋玻璃，如油畫般的朦朧美感，一對情侶深情地望著對方。「裡面是什麼樣的酒吧呢？」你內心的期待不斷在升高。

終於進入店內，優雅沉穩的裝潢與內斂昏暗的燈光，瀰漫著日式酒吧獨有的魅力。Angel's Share有著嚴格的入場規定，只能現場候位也不接受4人以上團體，儘管如此，等待依然非常值得。強烈推薦給喜歡安靜沉穩氛圍，日式風格祕密酒吧的你。

1.非常低調的店門口，就像是要進入神祕的地下神殿，儀式感十足／2.室內後位區，隔著牆壁傳來浪漫的爵士樂與呢喃細語

調酒推薦

打開酒單該從何下手呢？建議可先從自己喜歡的基酒來選擇，特別推薦幾款調酒。

- **Flirtbird**：以美鶴乃舞大麥燒酒為基底，加上柚子、龍舌蘭糖漿、紫蘇與梅子粉，是他們家的經典代表作。
- **Painted Paradise**：利用無花果葉調味的亦竹彩天燒酒，添加蜜瓜、茉莉花、檸檬與斑蘭牛奶，非常高雅清甜的滋味。
- **Street Scence**：同樣也是清爽型的調酒，以三得利六琴酒為基底，融合葡萄柚、鳳梨、山椒粉、咖啡牛奶與抹茶粉。
- **Cheek to Cheek**：彷彿甜點般的調酒，使用哈瓦那俱樂部白色蘭姆酒，搭配綜合莓果、白色蔓越莓、蜂蜜巴薩米克醋與濃縮葡萄醬，最後再加上一層融合優格與馬斯卡彭起司的奶蓋，這款是我最喜歡的調酒。

神祕電話亭通往祕密酒吧

Please Don't Tell

www.pdtnyc.com ｜ 113 St Marks Pl, New York, NY 10009
｜ 週一～四17:00～02:00，週五～日16:00～02:00

位在東村這間知名的地下酒吧Please Don't Tell，隱身在一間看起來再普通也不過的熱狗店。進入店內，不要前往櫃檯，直接往左側走，你會看到一個電話亭，拿起電話筒撥打號碼，會有人與你通話，接著電話亭內的隱藏門會打開，恭喜你，成功來到了大概是全紐約最不祕密的祕密酒吧。人聲鼎沸的半地下室，木質色系的神祕感，充滿著禁酒時期的氣氛。酒吧非常熱門，所以現場候位可能會等上一兩個小時之久。儘管是祕密酒吧，不過他們接受網路預約，強烈建議多加利用。

1.店內有一個神祕的電話亭，拿起話筒後會有人與你對話，會被帶往哪裡去呢／2.位於半地下室的店面。觀看起來就是一般的餐廳，絲毫察覺不出裡面隱藏著熱門的地下酒吧／3.裡面是真的有在賣熱狗的，而且還滿好吃的

地下酒吧的興起時期

1920～1933年的美國，全國禁止酒精飲料的販售、釀造與運送，被稱為禁酒時期。然而禁酒令不僅無法停止酒精活動，反而滋生了更多的非法酒精交易(小說《教父》中的柯里昂家族就是在此時藉由運販私酒而獲得龐大利益)。

而地下酒吧(Speakeasy)正是在這個時期興起，他們多半隱身在地下室或餐廳後方。紐約，正是當年地下酒吧最盛行的城市之一，最高曾有多達32,000間的祕密酒吧在此營業。時至今日禁酒令早已取消，但有些祕密酒吧仍舊維持當年的風格持續營業；也有不少新的酒吧會刻意營造低調祕密的風格，呈現出地下酒吧的復古與神祕感。

Jazz Club
爵士樂俱樂部

紐約是美國的爵士樂首都。

儘管紐約並非爵士樂的誕生地，但紐約可說是讓爵士樂發揚光大的城市。1920年代，此時的美國正處在禁酒時期，而紐約為數眾多的祕密地下酒吧，正好成為了爵士樂手們大展身手的舞臺。知名的爵士音樂家，像是艾靈頓公爵(Duke Ellington)與路易斯·阿姆斯壯(Louis Armstrong)，啟發並引領當時還在發展中的紐約爵士樂界；加上此時廣播電台的興起，更是如推波助瀾般，將紐約爵士樂的名氣推廣至全國。因此在1933年禁酒令結束之際，紐約早已成為全美家喻戶曉的爵士樂聖地，這段期間也被稱為爵士時代(Jazz Age)。此後將近70年的時間裡，大蘋果主宰了爵士樂的發展，幾乎所有主流的爵士樂流派都是源自於紐約。

所有你熟悉或喜愛的爵士音樂家——爵士鋼琴大師塞隆尼斯·孟克(Thelonious Monk)、傳奇小號手邁爾士·戴維斯(Miles Davis)、天才薩克斯風手查利·帕克(Charlie Parker)，還有我最喜歡的爵士鋼琴大師、奠定爵士鋼琴三重奏典範的比爾·艾文斯(Bill Evans)，他們不僅長期在紐約表演，他們的出生成長、求學經歷甚至最後離世，都與紐約有著密不可分的關係。以下是我非常推薦，喜愛爵士樂的你來紐約必去的爵士酒吧。

爵士樂迷必訪的紐約酒吧
Birdland

315 W 44th St, New York, NY 10036 | (212)581-3080 | 依表演場次而定

1949年開業於百老匯劇院區，以當時的傳奇薩克斯風手查利·帕克(暱稱Bird)為名的爵士酒吧。除了查利·帕克以外，許多經典爵士音樂家也都曾經在此定期表演並且錄製現場專輯。

位於西村的人氣爵士俱樂部
Smalls Jazz Club

www.smallslive.com | 183 W 10th St, New York, NY 10014 | 週一～四19:00～03:30，週五～日14:00～03:30

如果你想要體驗更地下樂團的氛圍、與樂手更近距離的互動、或是當年禁酒時期的氣息，這家爵士酒吧是很棒的選擇。週末夜晚的Smalls Jazz Club，門口總是排滿了等候入場的樂迷們。

紐約經典傳奇爵士酒吧

Blue Note

📍 131 W 3rd St, New York, NY 10012 | 📞 (212)475-8592
🕐 週一〜六18:00〜00:00，週日11:00〜00:00

位在格林威治村的Blue Note是全美國、乃至全球的爵士樂迷聖地。儘管在洛杉磯、夏威夷、東京等地有開設分店，但這間紐約創始店，絕對是愛樂迷們一定要來朝聖的地點。除了門票外，通常爵士酒吧有一人一杯飲料的低消限制(有非酒精飲料的選擇)，這一點要特別留意。

1.Blue Note設有吧檯座位，價格較便宜且離舞臺不會太遠。很適合一個人或兩個人前來欣賞音樂／2.門票只保證入場，但不保證有座位可坐，而是採用先到先入座的方式(first come, first served)。因此即便有門票，想要有視野良好的座位，記得提早到現場排隊。圖為Blue Note服務人員指引帶領入座

同為紐約經典雋永的爵士酒吧

Village Vanguard

📍 178 7th Ave S, New York, NY 10014
📞 (212)255-4037 | 🕐 19:00〜00:00

1935年開業的Village Vanguard，是紐約現存歷史最悠久的爵士俱樂部，也是眾多知名爵士樂手錄製現場專輯的經典場地。一張爵士樂專輯若封面標註「Live at the Village Vanguard」，甚至會直接讓這張專輯銷量增加。爵士樂大師比爾·艾文斯當年不僅在這間俱樂部定期表演，更是在此錄製了《Sunday at the Village Vanguard》、《Waltz for Debby》兩張經典爵士專輯。

1.即便是平日的夜晚，開演前的Village Vanguard門外依然非常熱鬧／2.夜晚前往Village Vanguard聆聽美妙的爵士樂，欣賞音樂家們精采的演出，享受這獨一無二的紐約魅力時刻

紐約，越夜越美麗 **NY** | 107

紐約通勤，大眾交通工具

NEW YORK

NY

不論是來留學工作或是來旅遊，很多人來到紐約大部分的時間都會待在曼哈頓。而一踏上曼哈頓，第一個馬上面臨的問題就是，我要怎麼從這裡到那裡？紐約的大眾交通運輸非常方便，地鐵公車火車四通八達，大部分的情況最多轉乘一次就能夠到達目的地。如何能夠迅速掌握紐約的公車和地鐵呢？以下與你分享最真實面貌的紐約通勤心得。

秒懂紐約街道規則

紐約市曼哈頓的街道，大部分都是以棋盤網格狀的方式來設計命名的。曼哈頓島是一個左右窄、上下長的長方形，我們把棋盤網格道路放置在這個長方形上，往來東西向的道路被稱作「街」(street)，橫貫南北向的道路被稱作「大道」(avenue)。

一目瞭然的網格狀街道

「街」的數字命名是由南向北，由小到大，換句話說，1街是在南邊，155街是在北邊。「大道」的數字命名則是由東向西，由小到大，也就是說，第一大道是在最東邊，最西邊則是第十一大道。

由於這簡單易懂的街道規則，紐約人們在約見面的時候，都會以「街和大道」的方式來說明現在的位置。比如知名的紐約市立圖書館總館，就是坐落在42街和第五大道；大家來紐約必逛的雀兒喜市場，則是位於15街和第九大道。只要講出「街和大道」的數字，人們就可以馬上知道彼此間的東西南北的方位，以及距離有多遠。

棋盤網格狀以外的命名

當然，有規則就有例外。棋盤網格狀的街道規則，其實是在1811年的都市規畫設計後才誕生的。但早在17世紀，荷蘭人就已經來到了曼哈頓南端，並且在這片土地上進行開發，甚至將這片土地命名為新阿姆斯特丹(New Amsterdam)。所以在曼哈頓的南端，街道的設計與名稱並非棋盤網格狀。

荷蘭人與英國人離開紐約以後，1811年的都市計畫規定，將豪斯頓街(Houston Street，不是念「休士頓」)以北作為1街的起點，而豪斯頓街以南，則是保留原本的街道規畫。像是著名的華爾街(Wall street)，就位在當初新阿姆斯特丹城的城牆旁；而緊鄰中國城的運河街(Canal street)，則是因為當年真的有一條運河在這裡。

有趣的是，例外之外還有例外。現在充滿文藝氣息與浪漫氛圍的格林威治村(Greenwich Village)與西村(West Village)，儘管他們皆位處於豪斯頓街以北，但因為1811年當時這兩區已有相當程度的開發，所以他們也被屏除在棋盤網格設計以外。因此現在前往這一帶，你可以感受到此區充滿著與眾不同的18世紀街道風情。

記好知名的
紐約街道與大道

認識了紐約曼哈頓的街道命名規則以後，有幾條知名的「街」和「大道」大家可以記下來，幫助你更加瞭解紐約的街道規則，也可以更快速掌握大眾運輸的設計。

以「大道」來說，最重要的一條就是世界聞名的第五大道，這條道路大約位在曼哈頓的中心，所以以此大道為基準，東邊的街的名稱前面會加上E，如E 42nd st；而在第五大道的西邊，則是會加上W，如W 34th st。大道的數字由東向西起依序是第一、第二、第三大道，萊辛頓大道(並非1811年的計畫)、公園大道(由第四大道改名)、麥迪遜大道(並非1811年的計畫)，然後才是第五大道。

以「街」來說，大部分的街都是單向道，但有幾條大的街是雙向道。像是14街、

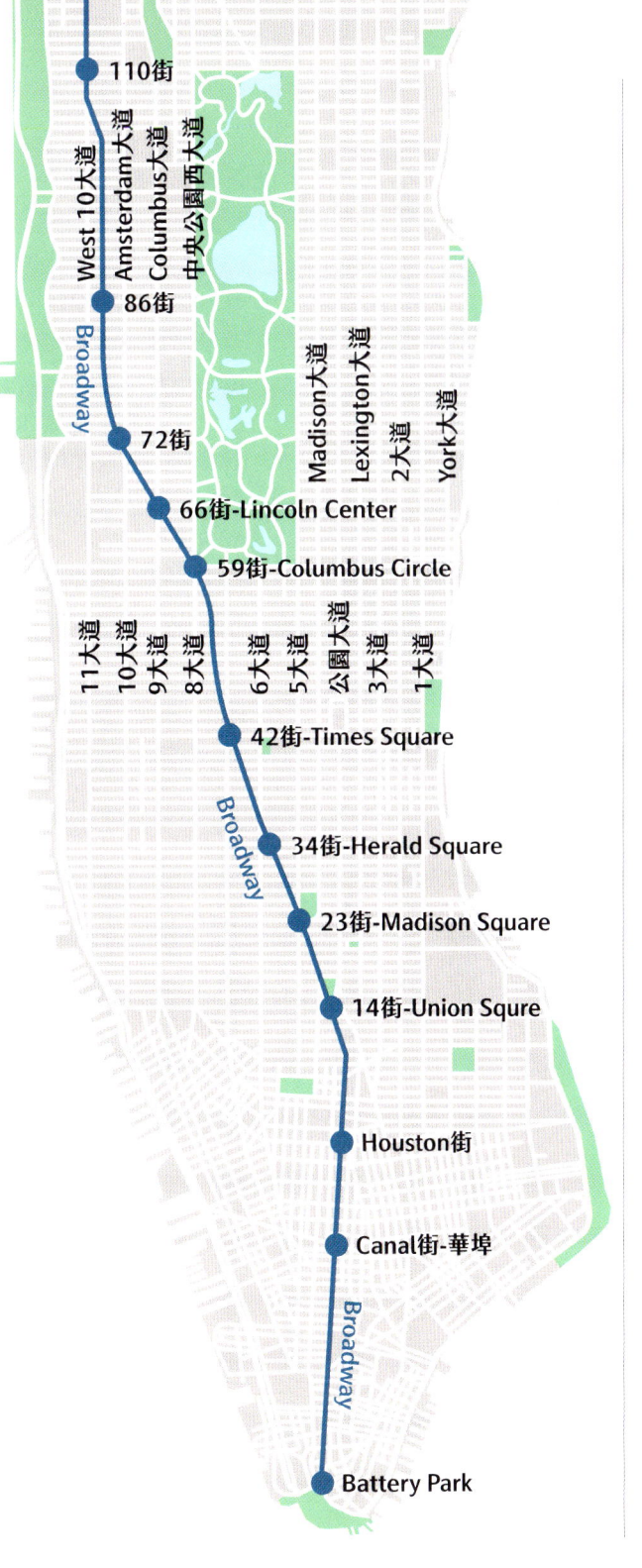

西側：West 10大道、Amsterdam大道、Columbus大道、中央公園西大道、Broadway

東側：Madison大道、Lexington大道、2大道、York大道

- 110街
- 86街
- 72街
- 66街-Lincoln Center
- 59街-Columbus Circle

11大道、10大道、9大道、8大道、6大道、5大道、公園大道、3大道、1大道

- 42街-Times Square
- 34街-Herald Square
- 23街-Madison Square
- 14街-Union Squre
- Houston街
- Canal街-華埠
- Battery Park

秒懂紐約街道規則　**NY**　111

23街、34街、42街、57街、72街、79街或86街。這幾條街都是橫跨曼哈頓東西向的重要幹道,也是公車站和地鐵站交會的重要交通節點。

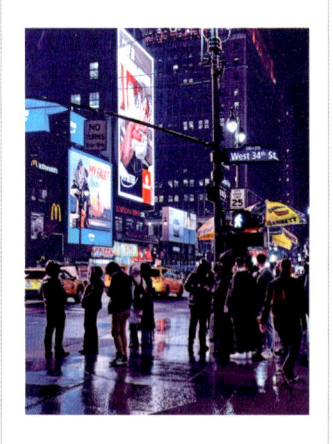

百老匯大道:紐約歷史上最重要的道路

最後,大家如果再次打開地圖,俯瞰曼哈頓棋盤狀街道規畫的話,你會發現有一條道路非常不遵守規則,斜角線穿越所有的網格街道。沒錯,這條就是大名鼎鼎的百老匯大道(Broadway),起源自曼哈頓島最南端,也是早在荷蘭人時期就已經存在的道路。這條大道總長超過20公里,南北向貫穿整個曼哈頓,經由上西區穿過布郎克斯(Bronx)離開紐約市。

百老匯大道所經之處幾乎都是曼哈頓的重要區域,尤其是與上述提到的雙向「街」所形成的節點,每一個都是紐約的重要廣場,與14街交接的Union Squre、與23街交接的Madison Square、與34街交接的Herald Square以及與42街交接的Times Square。更不用提百老匯大道在50幾街這一帶所形成的知名劇院區,更是直接讓百老匯這個名稱被轉喻為世界舞臺音樂劇的最高殿堂。

在曼哈頓迅速定位祕訣

曼哈頓的「街」大部分都是東西向的單向道。如果這一條街是向東的話,下一條街就會是向西。大致上的原則是,奇數街是向西,偶數街是向東。知道這點會非常實用,因為它可以幫助你從地鐵站出來以後,只要看車流的方向,就可以迅速判斷哪邊是往東?哪邊是往西?要怎麼記下來呢?只要記得偶數("E"ven)是向東("E"ast)就可以了。

紐約寒冬的街道地面陷阱

走在紐約街頭,特別是下大雪過後,街道轉角低窪處常會形成積水或積雪。當氣溫低於零度時,表面會結成一層冰,冰上會覆蓋地面道路的污漬和泥土。表面看起來可以踩踏,但實際上卻是不折不扣的陷阱。只要一踩上去,薄冰就會破裂,底下是髒污和淤泥形成的積水,後果不堪設想。冬天走在路上務必要特別小心。

行前須知，紐約地鐵的獨家「特色」

紐約地鐵的乘客形形色色，什麼樣的人都有。因此，在搭乘紐約地鐵時，有幾個注意事項是建議務必要先知道的。

紐約地鐵站與車廂內的人五花八門，見怪不怪保持鎮定外觀(儘管內心可能驚訝不已)，是紐約人們練就一身的好本領

■等車時不要靠近月台

紐約地鐵沒有設置月台門，且有時地鐵站內會有一些奇怪的人，所以在等車時，盡量遠離月台，最好後面是牆壁會更安心。在使用手機與耳機時，也不要讓自己完全與外界隔絕，留意周遭出現可疑的人事物。任何時刻，只要感受到絲毫的不安或擔憂，馬上離開現場或者移動到人多安心的地方。相信自己的直覺，遠離那些奇怪的人事物，這真的非常重要。

■空的車廂不要進去

當列車進站後你可能會發現，明明前後節車廂都有很多人，但為什麼唯獨中間某一節車廂裡面是空的，幾乎沒有人呢？最可能的答案是，因為裡面有很髒的東西(物質上的)。我目前為止聞過最臭的異味，就是在紐約地鐵的空車廂裡聞到的。那個酸臭味的程度，已經超越了文字能夠形容的境界。所以，空的地鐵車廂不要進去，是紐約生活行動指南的重要原則。

由於紐約地鐵規定乘客不能在車廂之間穿梭，所以當車廂裡出現老鼠、嘔吐物或各式各樣的動物像是鴿子、松鼠、螃蟹、蛇等等這些大家很難想像的事物時，列車一到站，你會看到車廂內所有的乘客集體轉往至其他車廂的奇妙景象。

■地鐵行進間訊號不佳

紐約地鐵車站內是有網路訊號的，但列車行進之間沒有；所以如果通勤時需要長途行駛在地底下的話(像是E、F、M、R在Queens內的那一段)，很推薦你可以帶一本書閱讀。考量紐約地鐵的運行效率，你可能1年內可以多讀完好幾本書。

■百年地鐵：冬冷夏熱

再分享兩個搭乘紐約地鐵的心理準備。由於一百多年前設計時，希望藉由地面的通氣孔導入新鮮空氣至地鐵站內，所以當時建造的地鐵站挖得非常接近地面，大部分僅約5公尺。因此平常大家走在地面上時，可以很明顯地聽到、甚至感受到地鐵經過的聲音、震動與氣流。也因為地鐵站很靠近地面，使得充滿歷史的紐約地鐵站：冬冷夏熱。

紐約地鐵站幾乎都沒有月台閘門，等車時盡量避免靠近月台

開始搭乘紐約地鐵

1904年建立的紐約地鐵，迄今已超過120年，是世界上最古老的地鐵系統之一。28條路線，472個車站，24小時全天運行，紐約地鐵每年平均服務人數超過20億人次。

看地鐵路線圖，先從顏色做區分

初次看到紐約地鐵地圖時，可能會被五彩繽紛的顏色和數字搞得眼花撩亂，如何迅速看懂地鐵圖呢？可以先用顏色來區分，把紅色的1、2、3號線視為一個群組、把同為綠色的4、5、6號線、橘色的B、D、F、M線視為一個群組。同顏色的地鐵，在曼哈頓市中心都走同一個路線，差別僅在於快車(express)和慢車(local)停靠的站數不同；而出了曼哈頓後，同顏色不同地鐵則會分岔延伸出去，服務不同的地區。

紐約地鐵進階班：分辨快車與慢車

如何區分快車和慢車？所有車站都停靠的為慢車，僅停靠大站的即為快車。舉例來說，黃色的R、W、N、Q線，在曼哈頓中城49 St是慢車站，僅R、W、N會停靠；而往北下一站57 St/7 Av站標示R、W、N、Q，代表所有快慢車都會停。

在這些大站，有時快慢車會同時稍停以利乘客轉乘，大家在這幾站時可多加留意，利用這個特色更快抵達目的地。

另外，有些地鐵站雖然是不同車站，但因彼此距離很近，所以設有連通道可直接轉乘，像是藍色的E線在曼哈頓金融區的World Trade Center站，其與黃色R、W的Cortlandt St站和紅色2、3的Park Pl站的站體聯通，這些車站會在地圖上以黑色線條連結。

還有少數是免費站外轉乘，像是曼哈頓上東區的綠色4、5、6線59 St站，可以與Lexington Av/63 St站的Q、F線站外轉乘，這些車站在地圖上以黑色虛線連結。

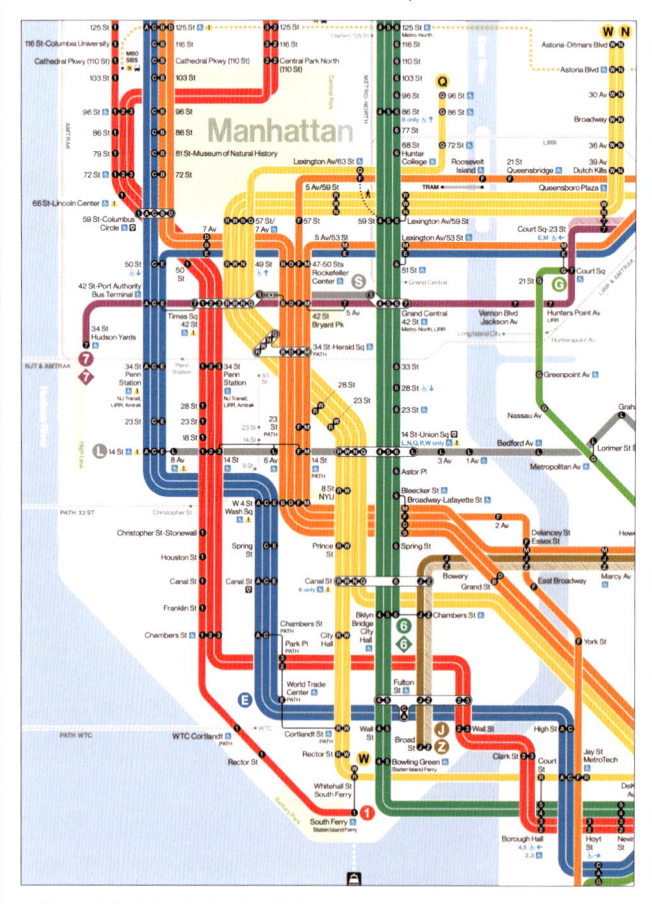

不論是來紐約唸書工作或旅遊，這大概會是你最常用到的地鐵路線與車站區域

Uptown、Downtown很重要！不同地鐵站入口，乘車方向不同

認識了地鐵路線，接下來就要實際搭乘地鐵了。首先最重要的第一件事是，知道自己要往Uptown或Downtown。

打開地鐵圖我們可以發現，不論站在曼哈頓的哪個點，大概就是往上(Uptown)或往下(Downtown)，或有些會加註Uptown/To Queens或Downtown/To Brooklyn。知道這點很重要，因為有些地鐵站(像綠色的4、5、6號線)Uptown和Downtown的月台是不連通的，一旦走錯了就必須要出站、到地面過馬路、再重新刷卡進去。所以大家在進入地鐵站前，務必要先確認入口的告示牌是否為正確的乘車方向。

列車進站前，最先感受到的是風

紐約地鐵跟其他城市的相比，最獨特的地方在於其建設之初就已設置了專門供快車行駛的軌道。所以你在慢車站，常會看到中間軌道有快車疾駛而過；甚至可以在列車行經隧道途中，與隔壁平行奔馳列車內的旅客相視。而隨著列車接近車站，最先感受到的，其實不是噪音，也不是燈光，而是風的改變。

接著你會聽到車站廣播。因為紐約地鐵偶爾不會照原本路線走，例如，快慢車互換、突然改變軌道、提前終止服務，所以廣播的內容最好要留意。有幾個關鍵字可以注意聆聽：Local或Express？Uptown或Downtown？再次確認這班列車是否正確。

若月台僅提供單向的列車，地鐵站入口處會清楚標示Uptown或Downtown

我剛來紐約時連地鐵車站內都沒有網路訊號。當時出門隨身帶著一本書是必備清單

票價與票卡使用

票價：$2.90。不論距離遠近，地鐵和一般公車(Local、Limited和Select Bus Service)均一票價。

票卡種類：1.經典的黃色MetroCard地鐵卡／2.OMNY卡：由紐約大都會運輸署(Metropolitan Transportation Authority，簡稱MTA)，新推出即將取代MetroCard。

OMNY卡使用方式：不需購買卡片，也不需下載APP，只要使用行動裝置裡的Apple Pay、Google Pay或信用卡的感應支付即可，是暢遊紐約最便利的方式。而且OMNY系統同樣有一次的免費轉乘(需使用同一個裝置)；同樣有吃到飽，7天內搭乘超過$34以後不會再收取額外費用。

若無上述裝置也沒關係，你可以在地鐵站內購買OMNY卡，就像悠遊卡一樣可以感應和儲值。以下介紹如何購買OMNY交通卡。

在閘門口由後往前刷MetroCard；或感應OMNY卡或你的行動支付裝置，即可通過閘門

購買OMNY卡

STEP 1

找到設置有OMNY售票機的地鐵站：地鐵入口有此標誌，代表該地鐵站內有設置OMNY的售票機器。

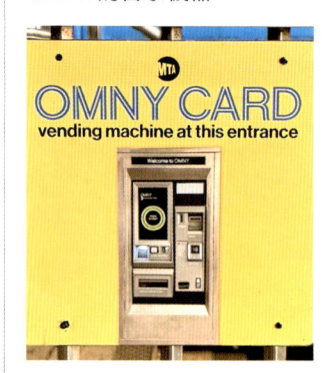

STEP 2

尋找OMNY售票機：OMNY售票機外型新穎，通常會在地鐵站入閘門附近。

STEP 3

選擇語言，並選擇需要的票券服務：若沒有卡片的話，可選擇購買新卡片(需支付$1開卡費)，下一步可以選擇儲值金額。若已有卡片的話，可直接選擇儲值。

1.購買新卡片／2.已經有卡片

STEP 4

確認項目與價格，付款：選擇完成需要的服務後，機器會顯示最後的價格。確認無誤後，接著使用信用卡或現金付款即可。

1.儲值，用於搭乘地鐵和一般公車／2.確認金額無誤後，點選Contiune

購買MetroCard

若你是old school風格，想要使用即將絕版的紐約經典黃色MetroCard也沒問題。主要有3種票券：
1. 單程票$2.90
2. 7天吃到飽$34
3. 30天吃到飽$132

可依自己的通勤模式需求選擇最划算的票卡。

STEP 1
找到MetroCard售票機：經典的紐約地鐵售票機。在地鐵站各大閘門口旁，一定可以看到它的身影。

STEP 2
選擇語言：售票機也設有中文(而且是繁體中文)，所以不用擔心看不懂。

STEP 3
選擇票券類型：最右邊是購買一次性的單程票，僅2小時有效。最左邊是快捷鍵，讓你直接買新卡($1)加儲值$9，總金額是$10。正中間的MetroCard是最常用的選項，點選後，下一步才會問你要買新卡還是儲值。

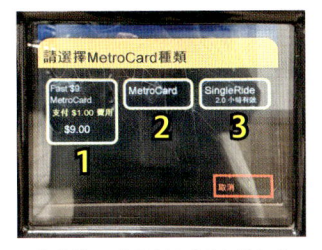

1. 快捷鍵。購買新卡(需支付$1)，裡面儲值$9，總金額$10／2. 地鐵卡。傳統常見的選項，下一步才會詢問要新卡或是儲值／3. 單程票。僅2小時有效且無法儲值

STEP 4
點選MetroCard後，選擇購買新卡或儲值：選擇了MetroCard以後，下一步可以決定要儲值、查看餘額或購買新卡。確認完成後機器會顯示總金額，可以使用信用卡、金融卡或現金付款。

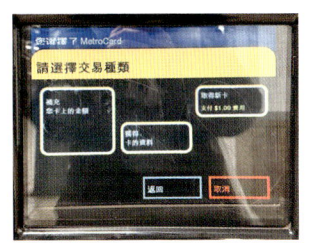

選擇交易項目後，機器會顯示總額，可使用信用卡、金融卡或現金付款

地鐵站內的設計小巧思

紐約地鐵每一站都很有特色，最經典的莫過於已成為紐約地鐵意象的地鐵磁磚(subway tile)了。在許多車站內，你都可以看到這個由彩色陶瓷版或馬賽克瓷磚組合而成的裝飾，有的是作為標示車站的名稱，有的是作為藝術品象徵該車站的故事。例如6號線Astor Pl站，是以19世界的美國富豪John Jacob Astor命名；由於他當年透過進口河狸皮毛致富，所以該車站內裝飾有河狸的彩繪磁磚。下次搭乘地鐵時，不妨觀察一下地鐵站內的設計，感受不同車站間的差異與當地特色吧！

地鐵磁磚不只是裝飾，也有像這樣作為出口指標的功能

在8 St-NYU站的地鐵磁磚。不僅是NYU的名稱，連華盛頓公園廣場草地上的松鼠、橡實與旁邊的落葉也都以磁磚栩栩如生地呈現

公車，東西向移動的重要工具

曼哈頓地理特徵東西窄、南北長，所以地鐵在曼哈頓路線幾乎為南北走向。因此在東西向交通上，公車就扮演了非常重要的角色。在曼哈頓(Manhattan)運行的公車編號會以M開頭，在皇后區(Queens)則會以Q開頭，在布魯克林(Brooklyn)會以B開頭，在布朗克斯(Bronx)則是以Bx開頭。

看懂公車編號

而在曼哈頓島上，公車的數字通常也代表其主要運行的街道。舉例來說，M14公車是營運在14街，M86是運行在86街。所以在曼哈頓，最實用熱門的公車路線，正是以下這幾條運行在前述提到的重要雙向東西「街」上的公車了，如：M14、M23、M34、M57、M79、M86。其中的M14、M23和M34，由於這幾條街都沒有地鐵運行，因此這3條路線，可以說是串連曼哈頓東西側非常重要的公車。此外，M79和M86這兩條路線行經地下道穿越中央公園，是往來上東與上西之間，非常實用的公車。

另外，比較特別的公車是M15，這條路線雖是南北向，但因其運行在尚未有地鐵的第一和第二大道，由北到南從East Harlem、上東區、一路貫穿Midtown East延伸到Lower East Side和South Ferry，對在曼哈頓東側通勤的居民來說，M15是每天必搭的交通工具。

公車也有分快車與慢車

須注意的是上述的公車路線，還會再區分慢車(Local Service，簡稱Local)與快車(Select Bus Service，簡稱SBS)——SBS只會停少數幾個大站，Local則每站都停。由於曼哈頓市區內交通混雜多變，站站停的Local更容易受到交通狀況影響而延遲。同樣的目的地，可搭SBS卻搭到Local的話，抵達時間差異頗大，所以在等車時務必要先確認清楚。

Local與SBS的付費方式不同

紐約一般公車Local與SBS的付費方式不同。Local像是傳統的公車，只能前門上車。上車後使用OMNY卡或刷MetroCard即可。

SBS則是前後門皆可上車。若使用OMNY的話，上車後感應機器即可，但若是使用MetroCard卡的話，你必須先在「乘車前」於公車站的付款機器刷卡，取得收據後才可搭乘SBS。

SBS公車，多半在公車站都會設有候車亭

除了像左圖藍色外觀的新型公車以外，也有像這種白色塗裝的舊版公車。此車型通常是營運於一般Local公車路線

購買SBS公車車票

STEP 1

找到公車站的Metero Card付款機：依照指示點選Start開始付款。值得注意的是，此機器僅能扣款，無法儲值MetroCard。若卡片餘額不足，需先去附近的地鐵站儲值MetroCard。

STEP 2

插入MetroCard，取得收據：機器會從你的MetroCard內扣款，並印出收據。若是吃到飽票券，因票價已涵蓋SBS公車，所以不需額外付錢，但仍會有收據。此收據記得收好，因為不時會有查票人員上車檢查是否有購票。

紐約交通必備 APP

在紐約大都會裡移動，搭乘公車、轉乘地鐵、買火車票等交通工具資訊眾多。如何迅速掌握交通資訊呢？以下推薦給你5個在紐約生活實用必備的交通APP。建議叫車APP至少要準備1個。儘管地鐵是24小時營運，但深夜時刻的地鐵畢竟不比白天安全，多花一點錢叫車回家絕對值得。

Google map

介面最熟悉，適合迅速規畫路線或行程。搭配平時建立的美食清單，整合查找餐廳資訊很方便。缺點是地鐵或公車到站時刻不一定準確。

Uber和Lyft

叫車必備。需要叫車時我會兩個APP都打開來看看，比價哪個較便宜。Uber在紐約以外的其他地區或國家也可以用很方便，臺灣和日本都適用；Lyft的話，就我的經驗通常略便宜一點。

MTA

紐約大都會運輸署(Metropolitan Transportation Authority)的官方APP。單純查詢地鐵公車是否維修或改道很好用；內建的離線地鐵地圖也很實用。但安排路線或規畫行程的功能就還好。

TrainTime

若搭乘長島鐵路(Long Island Railroad)或大都會北方鐵路(Metro-North Railroad)的話，這個APP必備！最重要的功能是買火車票，可直接在裡面用電子錢包付款，票券會存在APP裡，上車後點選啟動(activate)再給列車長驗票即可。

Citymapper

路線規畫最詳細的工具。輸入目的地後，可依照你的需求安排路線——以公車為主、以地鐵為主、盡量少走路、越簡單越好、越便宜越好、或是越快越好——公車地鐵到站時間也是最準確的，甚至連哪個地鐵車廂會比較接近出口，這一點都幫你算好了。缺點是介面顯示資訊量有點多，需要花時間熟悉。

紐約留學

NEW YORK

，生活生存指南

NY

新的城市，新的生活，新的我。留學生活不僅是學習專業領域的知識，也是學習如何與自己好好生活的過程。買菜煮飯洗衣服、租屋找房找室友、銀行保險信用卡，這些可能用母語都不容易的事，現在全部都要用英文來溝通。每次處理完事情，掛下電話的那一刻，每位留學生都有那種「我好像又成長一點的感覺」。這個篇章將與你介紹，如何在這陌生的國度裡，認識新環境，建立新習慣，結交新朋友。

食

自己煮，
省錢又健康

Grocery stores

所有海外遊子生活第一天就要面對的問題——吃飯。就算沒有下廚的經驗，當你看到外面餐點的價格時，「還是回家煮飯好了」這樣的想法一定出現過。哪些超市是紐約常見的食材採購點？一個人生活，如何找到省錢與省時的最佳平衡？

5個最受歡迎的超市

煮飯，是國外生活必經的挑戰。不論這份挑戰的動力是來自高昂的生活費，還是對家鄉的想念，煮飯前一定要先知道：哪裡可以買到想要的食材？每一間超市的特色是什麼？因此想跟你介紹5個留學生常去的超市，幫助你迅速展開紐約生活。

Trader Joe's

www.traderjoes.com/home

1.店內的裝飾也會隨季節而更迭，圖為12月冬季佳節時刻的Trader Joe's／2.從商品包裝的圖案設計、文案以及店內的商品擺設，都可以看出Trader Joe's 獨有的美學風格

哪一間超市是留學生的好朋友？Trader Joe's絕對是第一名。其經濟實惠的定價、美味方便的食材、加上季節限定的商品，不僅是學生也是上班族或家庭主婦、主夫的買菜首選。

甜點餅乾、冷凍料理，還有與各國食品商合作的獨家商品都是他們家的亮點。你還可以在這裡找到臺灣的乾拌麵、韓國的辣炒年糕等等一般超市少見的料理。Trader Joe's就是這麼一個平易近人，充滿「尋寶感」的魅力超市。

Whole Foods

www.wholefoodsmarket.com

相較於其他超市，Whole Foods內窗明几淨有空間感，逛起來很舒適

有機、新鮮、高價位的代名詞。明亮整齊的擺設、目不暇給的食材，紐約Whole Foods逛起來，跟臺灣百貨公司的超市有幾分相像。店內也有販售現做的熱食，有像是自助餐用秤重計價，也有像是美食街櫃檯點餐。

跟許多美國超市超商一樣，Whole Foods也有自助結帳，通常會比傳統結帳快，初來乍到可能對自助結帳不熟悉，下一頁會一步一步跟你介紹操作流程。

自己煮，省錢又健康

H mart

http www.hmart.com

1982年創立於紐約,是全美國最知名的韓國超市。不僅提供種類豐富的道地韓國生鮮食材,其他亞洲各國,像是臺灣和日本的食材,也都可以在這裡找到。當然,韓國商品是他們家的強項,所以來H mart,千萬不要錯過最新最流行的韓國零食、餅乾、泡麵,以及經典美味的韓式炸醬麵、冷麵、嫩豆腐鍋等等。每次來H mart,真的都是滿載而歸。

1.除了零食甜點以外,H mart也有許多韓國直送的水果／2.美味調理包簡單烹煮又比泡麵健康,是不少留學生省錢省時間的煮飯好朋友

超市自助結帳步驟

STEP 1
抵達自助結帳機器

　　左邊是擺放未掃描商品,中間是掃條碼區域,右邊是已掃描商品。需注意的是,掃描完商品須持續放在已掃描區,直至結帳完成才能帶走。

① 未掃描商品放置區
② 商品條碼掃描區
③ 已掃描商品放置區

STEP 2
開始掃描商品

　　掃描商品後,螢幕左側會出現商品的資訊,右側是購物籃清單。若商品有折扣的話,也會在此顯示折扣後的價格。

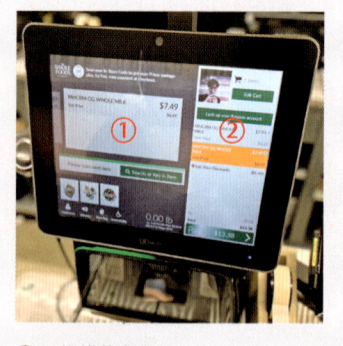

① 已掃描的商品
② 目前的購物籃清單

STEP 3
測量需秤重的商品

　　以蘋果為例,先掃蘋果上的條碼,再將蘋果放在中間秤重,點選「Confirm Weight」,再選擇裝載商品的容器。範例中沒有容器,因此點選「No Container」。

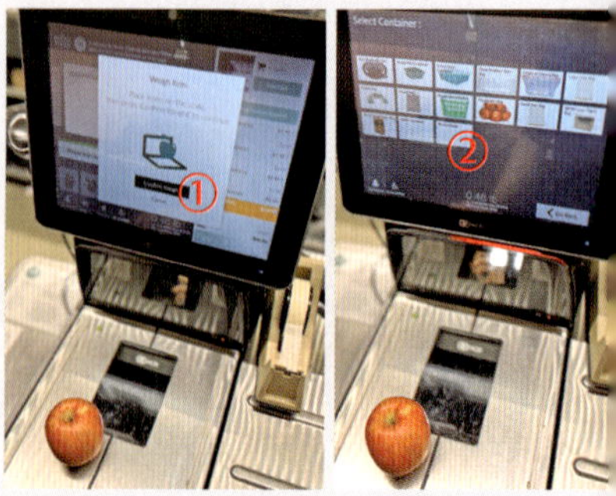

① 點選「Confirm Weight」
② 點選「No Container」

中國超市

曼哈頓的中國城(Chinatown)與皇后區的法拉盛(Flushing)，是紐約最知名的中國超市聚集地。與你分享兩間廣受紐約留學生喜愛、商品種類齊全的中國超市：位在中國城的香港超級市場(Hong Kong supermarket)與法拉盛的新世界超市(Jmart)。他們皆屬於綜合型的超市，你會看到熟悉的活體水產海鮮、五花八門各種部位的肉類、以及形形色色的南北雜貨。

香港超級市場(Hong Kong Supermarket) | 157 Hester St, New York, NY 10013 | (212) 966-4943 | 09:00～19:00

新世界超市(Jmart) | 136-20 Roosevelt Ave, Queens, NY 11354 | (718)661-0099 | 07:30～21:30

位在法拉盛的新世界超市與地下1樓的美食廣場，是許多留學生買菜、享用美食的好去處

STEP 4
確認商品與最後價格

所有商品都輸入完成，確認價格與數量都正確後，就可點選「Pay」。機器會問你需不需要購物袋？自備購物袋直接選「0」，然後點選「OK」。

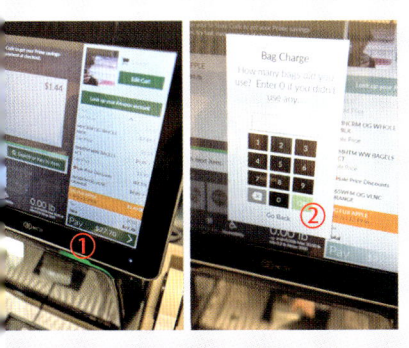

① 確認付款點選「Pay」
② 點選「OK」

STEP 5
掃描折價券或會員，並選擇付款方式

信用卡或電子錢包支付，選擇「card」。若有折價券或是Amazon prime會員，記得掃描或登入會員取得折扣。

① 使用信用卡或電子錢包付款

STEP 6
付款

出現「PIN Pad Entry」後，利用旁邊有數字鍵盤的刷卡機進行付款。

這套自助結帳流程，適用於美國絕大多數的店家。

① 信用卡或電子錢包付款機
② 此機器是生物特徵(手掌)付款，需額外綁定Amazon會員或信用卡

日本超市

Sunrise Mart是我最早認識的日本超市，商品種類豐富，且與大多數日本超市一樣，他們也有當天現做的熱食：便當、丼飯、拉麵等等，是想要快速享用日式美食的好選擇。

Katagiri則是我最喜歡的日本超市。1907年創立，是全美國第一間日本超市！兩間門市店鋪都很小，但商品種類齊全。日式料理常見的蔬菜、海鮮、調味料，你都可以在這裡找到。

Sunrise Mart
12 E 41st St, New York, NY 10017 | (646)380-9280 | 10:00～20:00

Katagiri (近中央車站)
370 Lexington Ave, New York, NY 10017 | (917) 472-7025 | 週一～五08:00～21:00，週六～日10:00～20:00

Katagiri (近第二大道)
224 E 59th St, New York, NY 10022 | (212)755-3566 | 10:00～20:00

1.Katagiri和Sunrise都有不定期特價促銷，偶爾經過逛逛，或許會發現意想不到的優惠／2.超市當天現做的熱食或壽司，常常在接近打烊前會有折扣，大家可以趁這個時間來選購／3.日本超市店鋪走道多半小小一條，顧客常常要側身才能通過

homemade
用簡單食材做出千變萬化的懶人料理

TJ的米飯系列實用又方便,最推薦Organic brown rice與最右邊的Spanish style rice

BCD的豆腐調理包方便美味,是留學生的好朋友

一個人住,最苦惱的莫過於很難買菜。食材量多,吃不完很浪費,或每天都要吃同一道菜;食材量少,每餐平均花費提高,還要加上煮飯的時間成本。所以,在吃得健康的前提下,如何找到省錢與省時間的最佳平衡,是所有留學生每天必須面對的課題。我自己的懶人料理原則是:備料簡單,一鍋到底,買菜時盡量選擇可用在多種菜色的萬用食材!

冰箱常備萬用食材
- **飯**:單包裝微波即食的米飯,Trader Joe's(簡稱TJ)可以買到
- **麵**:烏龍麵、關廟麵或義大麵條(TJ的很划算),或任何你喜歡的麵條
- **蛋、起司與蛋白質**:豆腐、雞腿(雞胸)肉、牛排或牛(豬)肉片
- **配料類**:蒜、薑、蔥(可一次切好大量,分裝冷凍)、洋蔥、泡菜(建議買有蓋子可栓緊的)、小黃瓜、紅(白)蘿蔔或番茄
- **蔬菜**:青江菜、蘿蔓萵苣、花椰菜或球芽甘藍

超簡單食譜菜單
僅需左述食材,就至少可做出以下料理。每道菜步驟都超簡單!隨意搭配組合,就可變出好幾週的菜單!
- **前菜**:涼拌豆腐、涼拌小黃瓜、韓式泡菜或義式番茄起司沙拉
- **主食(麵)**:乾拌麵、咖喱烏龍麵或義大利麵(後兩者咖喱與醬料直接買現成)
- **主食(飯)**:醬油雞蛋拌飯、親子丼、咖喱飯或炒飯
- **蛋白質**:水煮雞胸肉、香煎雞腿肉、牛排
- **配菜**:燙(炒)青菜、蔬菜炒肉或紅蘿蔔絲炒蛋
- **湯品**:味增湯(單包即溶)、蛋花湯、蘿蔔湯或泡菜豆腐鍋(可加菇類、青菜或麵)

自己煮,省錢又健康 **NY**

home made
超市聰明購
方便實惠的調理包

高人氣的韓式料理，是韓國朋友認可的美味

方便好吃的泰式蝦炒飯與雞肉炒飯

必買的義大利麵這四款都是 TJ 常見的熱銷款

冷凍水餃可煎、蒸、煮甚至微波，比很多亞洲超市的冷凍水餃美味且價格划算

單獨一道菜或作為配料皆可很實用的冷凍蔬菜

TJ 的義大利麵種類選擇眾多，價格實惠

Bibigo 的產品通常都很好吃！特別大推辣味豬肉蔬菜餃子

強力推薦：冷凍薑和蒜已磨碎處理成冷凍小方塊，直接挖一塊加入料理中極度方便

128

生物醫學博士之路
這幾年我學到的事

　　在美國攻讀博士，是一條艱辛漫長的道路。而生物醫學專業的訓練，更是繁重複雜，需要克服一系列各式各樣的挑戰。從最初的申請面試，歷經重重關卡後取得錄取通知；接著選擇指導教授，每天閱讀最新的文獻、長期研究實驗與數不清的失敗，然後在期刊上發表論文、參加專題討論與學術研討會、建立並培養自己的人脈網絡。這一條路，雖然困難，但也帶給了我許多其他條路看不到的、寶貴難得且一生適用的經驗。這個篇章，我想要跟你分享我的生物醫學博士之路。

科學家每天在做些什麼

> 早上進實驗室，拿著筆電去找老闆，準備討論剛剛分析完成的實驗數據

科學家是否像電影中演的那樣，每天穿戴實驗衣和護目鏡、手上拿著裝有化學藥品的實驗器材、一邊看著顯微鏡，一邊專心地做實驗呢？儘管以上這些，你都可以在日常的實驗室裡看到，但這並不是科學家全部的樣貌。

科學家的訓練可應用在各領域

科學家們，可能一整天都坐在電腦前，閱讀撰寫文獻數據與計畫論文；可能從早到晚都待在動物房或細胞培養室，與老鼠或細胞相處在一起。

儘管每天工作略有差異，不過大概有以下4種工作類型與階段：首先，大量閱讀最新的文獻，針對尚未解決的難題，提出假說或解決方法。第二，設計執行並分析實驗數據，來驗證提出的假說。第三，若實驗結果不符預期，則重新提出假說，並重新執行實驗。最後，若結果符合預期，則成功發現新事物，建立新科學理論。

針對不同的研究計畫，有可能一天內會同時進行不同的進度。例如：早上閱讀文獻，探索計畫A背後的原理；下午進動物房做實驗，針對計畫B執行分析。除此之外，現代科學界也非常注重溝通能力，所以科學家們也必須花大量時間，來琢磨表達研究成果的技巧。

總結來說，大量的閱讀思考，嚴謹的邏輯推理，還有找到問題、解決問題、面對失敗再挑戰的能力，歷經這些訓練過程，使科學家們在看待事物時，往往具有銳利的觀察力與深刻的見解。

美國生物醫學博士班的申請過程

美國博班面試邀請，會提供相當優渥的旅行補助。不需要擔心旅行的花費。圖為當年收到面試邀請，抵達波士頓洛根國際機場，準備前往飯店

只要是合理的交通工具，學校都會補助。圖為當年面試結束後，搭乘Amtrak高速鐵路Acela返回紐約

　　科學家養成之路的起點：申請博士班，究竟是怎麼樣的過程呢？跟臺灣研究所面試和工作面試有什麼不一樣呢？在這裡與你分享並揭開「美國生物醫學博士班面試」這個多數人不知道的神祕面紗。

面試邀請會提供食宿及交通費

　　美國生醫博士班申請過程，可分為兩個階段。第一階段是書面審查，多數學校的申請截止日期是12月1日。截止後，學校錄取委員們會開始審查資料並發出面試通知。接著進入第二階段也就是面試，傳統上，學校會直接邀請申請者們來到當地，進行2～4天的面試；不過近年來由於視訊軟體盛行，有不少學校會先線上面試，再篩選出現場面試名單。

　　若獲得現場面試機會的話，學校不僅會提供食物和住宿，也會補助相當充足的交通費，金額足以負擔美國本土的來回機票。

　　最後，分享一個鮮為人知的數據。美國生醫博班的錄取率是多少呢？以紐約大學醫學院來說，我們每年會收到約1,000多位來自世界各地的申請者。從中篩選出約200位的面試者，最後我們一屆大約錄取40～60位新生，競爭可說是相當激烈。

面試過程學校會提供全程住宿，完全不需要擔心旅館花費。圖為前往芝加哥面試時的飯店

抵達當地學校後，通常第一天晚上會是簡單的歡迎晚宴

不只是學生，學校也想展現最好的一面給申請者們。當年面試某間學校時，校方租了加長型禮車來接送申請者們

連續三天的面試過程

現場面試第一天，行程通常會在晚上開始，以簡單的歡迎晚宴作為序幕。大家互相認識，也為隔天的活動暖身。

第二天是最重要的一天，從早到晚你會連續和多位教授進行面談。每位老師30～45分鐘，整個過程有點像是營隊大地遊戲，穿梭在各研究大樓和醫院之間。白天面試結束後還不能鬆一口氣，因為晚上是與教授們的正式晚宴。

晚宴的型態各校略有差異，以紐約大學醫學院為例，當年的晚宴是在一間中城的墨西哥餐廳舉辦；同樣位在紐約的康奈爾大學醫學院(Weill Cornell Medicine)，則是在一位教授的曼哈頓公寓頂樓舉行晚宴；而歷史悠久、常年排名世界第一醫院的梅奧醫院(Mayo Clinic)，他們的晚宴更是特別，地點位在梅奧醫院創辦人的百年豪宅內舉辦，非常令人印象深刻！

來到第三天，行程會輕鬆許多，學校會安排具有當地特色的體驗活動。紐約的學校可能會帶申請者們去帝國大廈或欣賞百老匯秀；有些鄰近海岸或高山的學校，甚至會帶申請者們去衝浪或滑雪呢！

博班面試的過程，雖然當下倍感壓力，但事後回想起來，其實是一個非常難得寶貴的經驗。因為，能夠受邀參加面試的申請者們，都已經是被學校認可的佼佼者了，所以雖然這階段被稱為面試，但其實更大的程度，是學校和申請者們彼此互相探索是否合適的過程。若有機會參加博班面試的話，不妨用這樣的心情，好好享受這個過程吧！

最重要的抉擇：選擇指導教授

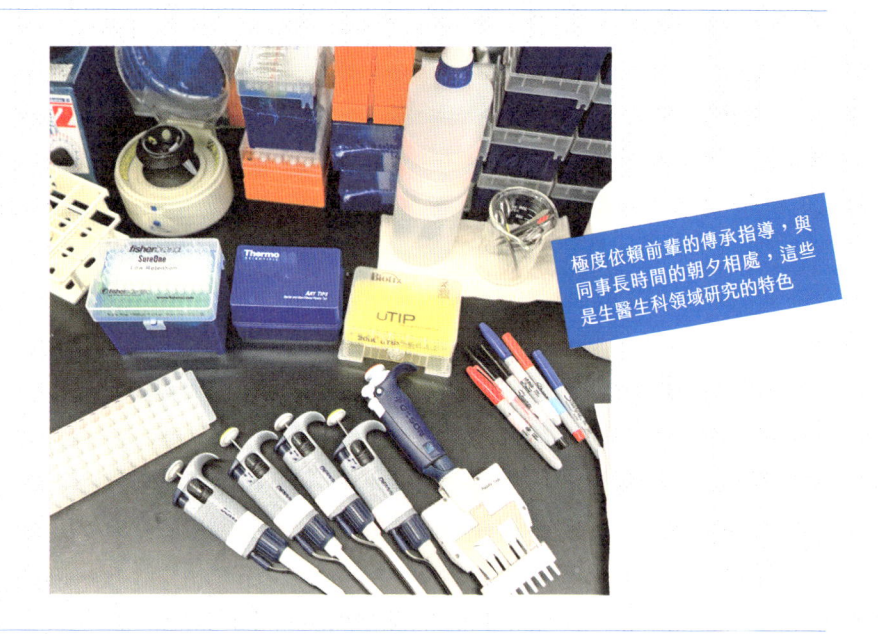

> 極度依賴前輩的傳承指導，與同事長時間的朝夕相處，這些是生醫生科領域研究的特色

生物醫學研究中，有很多不同的專業領域，像是免疫學、神經科學或幹細胞學。儘管不同領域有不同的訓練方式，但共通的特色是，必須選擇指導老師，加入實驗室，在其門下修練學習。

如同師徒制般的生醫訓練之路

會比喻為在老師門下修練學習，其實一點也不誇張。因為生醫研究的訓練過程，非常依賴前輩的經驗傳承與教學指導，從最基本的調配化學試劑、動物實驗的操作手法、到各種複雜實驗的眉眉角角，很多研究文獻上一兩句話就帶過的流程，其實都是由無數個沒有寫出來的小細節所構成。

除此之外，在做研究的過程中，長達十幾個小時的實驗流程並不少見。很多研究人員在實驗室與同事相處的時間，可能都比家人還要久。因此，對於剛踏入實驗室的新生來說，如果能有好的前輩帶領指導的話，不僅可以少走很多冤枉路，研究也會很快踏上軌道。

美國博士班的 rotation 制度

選擇指導教授，不單只是選擇有興趣的研究主題而已。該教授實驗室氣氛如何？學長姐們是否願意指導學弟妹？這些都是在選擇教授時，非常重要的指標。然而，這些指標幾乎不可能從實驗室網站或文獻資料上看出來。因此，在美國的生醫博士班訓練中，有一個被稱為 rotation 的制度——博班學生第一年不能直接選指導教授，必須先在 2～4 間實驗室進行數個月的實習，實際參與研究計畫，與實驗室成員朝夕相處。在這一年內完成 2～3 個 rotation 後，第二年學生才可以選擇指導教授，並正式加入其實驗室。

> 與rotation學生結束討論後的當下。「如果我是學生，我會希望遇到什麼樣的導師呢？」時時刻刻這樣提醒自己，期望能成為真正幫助到學生的導師

選擇實驗室一定要知道的事

美國博班rotation制度讓學生有機會可以深入認識實驗室。但更重要的是，要如何去認識實驗室呢？有哪些問題，是選擇老師時一定要問的呢？與你分享3點我認為很實用的心得：

了解自己適合什麼樣的導師和指導風格

沒有最好的指導教授，只有最適合自己的指導教授。有些學生會希望老師能實際動手帶學生(hands-on)；有些學生會希望老師能給予最大程度的自由(hands-off)。

以我親身經歷為例，我碩班的學姊導師，她指導過的學生曾跟我抱怨說，學姊會反覆解釋每一個實驗步驟，讓他覺得太過繁瑣。不過對當時才剛進實驗室的我來說，一步一步講解實驗流程是很需要的，所以對這位學生來說太過囉唆的學姊，對當時的我來說反而很適合。

因此，了解自己適合什麼樣的導師，是很重要的第一步。別人眼中不好的導師，可能對我們來說是好的，反之亦然。

指導教授營造的實驗室環境氣氛

指導教授的帶人風格固然重要，但這間實驗室的工作環境如何，也是一個非常關鍵的考量。長時間在實驗室朝夕相處，加上高度競爭的工作，使得指導教授對實驗室的氣氛，有絕對的影響力。

我聽過有些教授會刻意把實驗室氣氛用得很對立，讓實驗室成員彼此互相競爭，藉以提高生產力。宛如宮鬥劇般的情節，每天在實驗室真實上演。因此，在選擇老師時，務必多留意實驗室的工作氣氛，觀察實驗室成員間的互動狀況。然後問自己，這樣的環境氣氛是不是自己可以接受的。

> 有任何疑問要靠自己主動去問。詢問的時機不一定需要在正式場合，吃午飯的時候、茶水間喝咖啡休息的時候，都是很好的機會可以聊天詢問事情

有任何疑惑之處，問就對了

「老師對學生的預期？」「希望學生可以達到哪些指標？」「你對老師的指導有什麼期待？」「你希望可以學到哪些事情？」這些疑惑，有些導師會在一開始就跟你說明清楚，但更多時候，這些問題是要靠你自己主動去「問」出來的。

誰能給你最真實的實驗室評價

一間實驗室，每年都會有rotation學生來實習，但不一定每位學生都會選擇加入該實驗室。我非常建議大家，可以去詢問這些學生「為什麼你當初不加入這間實驗室？」除了該實驗室的成員，這些學生或許能給你最真實的心得與回答。

必問！
6Q判斷實驗室是否適合你

Q1.實驗室的工作文化？大家平常都幾點進實驗室？幾點離開？

Q2.老師與學生的一對一討論頻率？學生容不容易找到老師？

Q3.實驗室目前的研究經費狀況？

Q4.指導教授有多少位學生？學生大概平均幾年畢業？

Q5.實驗室研究文獻的發表頻率？發表在哪些期刊？

Q6.畢業的校友們目前在做什麼工作？發展如何？

往獨當一面的科學家前進

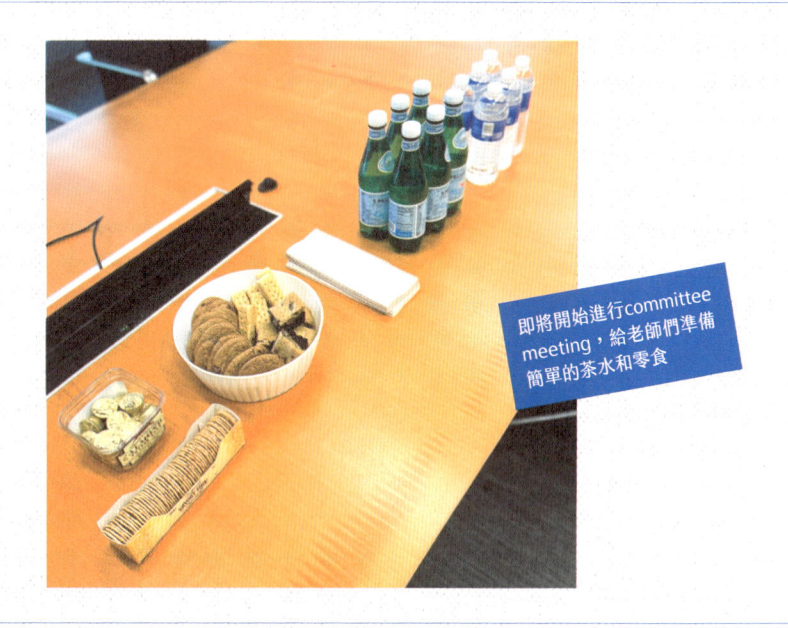

即將開始進行committee meeting，給老師們準備簡單的茶水和零食

　　生醫博士訓練是由一道道關卡組成——選擇指導教授、通過學位資格考、在學術期刊發表論文、最後的論文口試——「關關難過關關過，前路漫漫亦燦爛」這大概是所有博班生每年的心情寫照。

committee meeting ——
每年最重要的會議

　　選擇指導教授後，博班學生即將面臨下一道關卡：學位資格考(qualifying exam)。考驗學生是否有充足的學問知識、清晰的思辨能力與嚴謹的實驗設計，來執行博士論文的研究。

　　那是誰來決定學生是否通過資格考呢？答案是論文指導委員會(committee)，由指導老師與3～4位教授組成，委員們除了決定學生是否通過資格考外，他們也會每年與學生討論研究進度(稱為committee meeting)。有時候，若指導教授的想法太過異想天開，委員們也會適時介入，確保學生能在合理時程內完成論文畢業。

　　事實上，在每年committee meeting報告前，指導老師會與其他委員們閉門單獨討論博士生這一年的表現；接著同樣地，博士生也會與委員們閉門討論指導老師這一年的表現。若學生對指導老師有任何想法，都可在此提出來。報告結束後，委員們會對博士生的研究進度、報告表現與未來方向提出總結文件，裡面寫滿了委員們的意見與學生表現的優缺點。這份文件必須所有參與者簽名，並呈交給系主任。

　　如此高強度的訓練，儘管每次結束後總是令人精疲力盡，但內心那無與倫比的成就感，以及一步步更接近自己目標的踏實感，讓這一切的辛苦與努力都是值得的。

> 參加seminar學術演講，得知最新的研究發現，學習前輩大師們的演講技巧風采，也是成為獨當一面科學家非常重要的過程。圖為自1905年開始設立至今，每年於洛克菲勒大學(Rockefeller University)舉辦的知名學術講座The Harvey Lectures

教學相長！指導博班新生的寶貴經驗

除了接受實驗室教授的指導外，科學家養成另一個很重要的訓練是：學習如何指導別人。

知道一個東西，和能夠把這個東西教會別人，是兩件完全不同的事。相信大家都有類似的經驗——原本以為已經瞭解了某個原理，然而，一旦需要解釋這個概念、或是別人簡單追問一個問題時，才察覺自己其實尚未完全理解這個知識。尤其是身為科學家，能夠把知識傳承下去，提攜教學後輩，是每天都會使用到的關鍵技能。因此，知道如何指導學生，是一件非常重要的訓練。

我在博士班五年級時，首次帶一位剛進博班的新生。雖然這不是我第一次帶學生，但像這樣指導博班學生，帶著她讀學術文獻、講解研究原理方法、設計實驗計畫、實際執行實驗、討論研究數據，這還是第一次。

在帶學生的過程中，除了指導如何「做」科學研究以外，指導如何「呈現」科學研究，也是一件非常重要的事。在這位博班新生的期末報告的前一週，我們鉅細靡遺地討論如何報告數據與資料，一張一張投影片，從資料圖表的呈現方式、報告是否流暢與連貫、甚至用字遣詞或說話語調。雖然她的期末報告只有20分鐘，但我們為此討論了將近兩個小時。

儘管指導學生的確會耗費大量時間，但在這過程中，教學相長。身為導師的我們，得以重新檢視自己是否真正理解這些知識？是否能夠清楚地表達解釋這些概念？在念博班的過程中，能夠學習如何去指導學生，我認為是一個非常寶貴的經驗。如果大家有這樣的機會的話，一定要好好把握。

目前的生醫科學研究，單打獨鬥幾乎不存在。絕大多數都是需要不同專業領域團隊的緊密合作，才能夠在競爭激勵的環境中脫穎而出

能夠有幸參與研究計畫，名字出現在期刊論文或學術壁報上都是很大的肯定

看懂期刊論文的作者順序

現代的生物醫學研究，專業領域劃分非常精細。一篇學術文章，從最初的概念發想、方法設計、實驗執行、數據分析，到最後的資料彙整與文章撰寫，往往都不是一個人可以完成的，這中間會是一個甚至是兩三個團隊，彼此分工合作，最後才能夠把研究成果發表在學術期刊上。這也是為什麼大家在看生醫領域的研究文獻時，作者名單常常是一大串，十幾位甚至二十幾位以上的作者，是很普遍的事情。

然而，在這二十幾位作者當中，不可能每一個人對這篇文章的貢獻程度相同。有人是真正投入心力在大部分的實驗研究上，有人可能僅是參與一小部分的數據分析。那要怎麼區分每一位作者的貢獻程度多寡呢？在一篇生醫研究文獻中，在作者名單裡排名越前面的，該作者的貢獻越重要。換句話說，最前面的第一作者(first author)，對這篇文章的貢獻最大，通常是實際執行實驗且或實際撰寫文章的人；還有一個位置也很重要，那就是作者名單的最後一個：通訊作者(corresponding author)，通常是實驗室的老闆或指導教授。通訊作者是這篇文章投稿過程中的負責人，也同時負責所有的信件往來。

所以，最前面的第一作者與最後面的通訊作者，是大家最看重的兩個位置。其他中間的作者們也很重要，也對這篇文章有貢獻，只是當我們說「這是某某某的研究」時，某某某是指第一作者或通訊作者，不是指其他作者。

> **Science Immunology**
>
> 21-Mar-2024
>
> Manuscript number:
>
> Dear Dr.
>
> I am pleased to accept your paper "Genome-wide screen essential regulator of dendritic cell differentiation" for pub Your paper will now be prepared for publication. Our cop manuscript to improve clarity and to conform to Science an opportunity to approve these changes before publicati

學術期刊寄來的論文接受通知信。收到這封信的當下，心情是難以言喻的激動

做科學研究，探索解決難題是一段漫長的旅程。大量的實驗組別——不同的控制組實驗組、不同的給藥時間點或劑量等等，研究人員們每天都投入大量的心力，試著找到問題的解答

最煎熬與等待——學術期刊上發表論文

發表論文在學術期刊，這不僅是所有博士生每天辛苦努力的目標，更是教授們能否申請研究經費、累積學術影響力的重要關鍵。然而，投稿學術期刊是一段漫長的過程。一般來說的流程是——研究成果投稿至期刊；期刊編輯決定是否把文章送給審稿人(reviewer)進行同儕審查；當審查完成後，這篇文章會有4種命運：拒絕(reject)、大修改(major revision)、小修改(minor revision)或接受(accept)。上述這段初步審查過程，至少需要1到2個月。

收到審查意見後，研究人員須回答審稿人的問題，可能需要重新檢視數據、可能需要修改文章架構、可能需要進行新的實驗，這段過程被稱為revision。取決於revision的複雜度，需要5～6個月甚至更久，這樣的狀況並不少見。完成revision後，研究人員會將修改好的文章再寄給期刊。然後編輯會做最後的決定，是否有回答審稿人的問題？是否需要第二輪、甚至第三輪的審查？這段過程也是有長有短。

以我們的文章為例。光是初步審查就大約花了兩個月，revision則是近6個月，接著第二次審查又等了3個月。最終花費了近1年的時間，幸運地被期刊接受。這還不包括研究本身從概念發想到寫出文章，共兩年多的時間。

每天投入大量心力在實驗研究，長時間的投稿過程，歷經多次的拒絕與挫折，最後終於把辛苦的研究轉化為被認可的成果。這是所有科學研究人員們必經的過程。

最後一哩路：畢業論文口試

紐約大學碩士畢業袍。長袍是紐約大學的代表色堇紫色；披肩則是代表科學的金黃色

博士畢業論文口試，是從博士候選人晉身為博士的最後一道關卡，長達6～7年的辛苦凝聚在此就是為了這一刻，是所有科學家們永生難忘的瞬間。

博士畢業論文口試過程

在美國，生醫博士班的畢業論文口試(thesis defense)可分為兩個階段。第一階段是公開演講。博士候選人必須在公開的場合，像古希臘羅馬的哲學家一樣，在市集上與社會大眾介紹自己的研究成果與發現，並且接受現場所有觀眾們的提問。

第二階段是閉門口試。在公開演講結束以後，博士候選人會與指導委員們關起門來，討論剛剛公開演講的內容。其實到了這個階段，與其說是老師對學生的「口試」，不如說更像是同儕之間的「討論」，這個新的研究發現有什麼潛力？有哪些限制？要如何改善？未來方向是什麼？閉門會議結束後，委員教授們會宣布最終的考試結果，接著是慶祝派對——家人朋友、同學與師長們齊聚一堂，一起祝賀新科博士的誕生。

參加過這麼多場同學朋友們的畢業口試，每一次最讓我感動的，就是看到新科博士的家人朋友們那雀躍與欣慰的神情。畢竟，念博士是一段非常艱辛的過程，正是因為家人朋友們在背後無條件的支持和鼓勵，才能讓博士生們堅定地走完這趟旅程。

大畢典前一晚,紐約帝國大廈會點亮起菫紫色的燈光,共同慶祝紐約大學的畢業典禮

深具意義的大學學位服

通過了畢業論文口試,終於可以穿上博士學位服,參加畢業典禮。

美國大學的學位服,主要是由以下這幾個部分所組成的:學位帽、流蘇、披肩與長袍。臺灣的學位服長袍多半都是黑色,但在美國,不少大學的長袍會使用自己學校的象徵顏色,一眼望去非常顯眼且具有代表性,諸如哈佛大學的畢業袍是著名的緋紅色、紐約大學是菫紫色,紐約哥倫比亞大學甚至有一個自己專屬的顏色,稱作哥倫比亞藍。

學位服的披肩顏色也有象徵意義,依照畢業生的學術領域,醫學是綠色;科學是金黃色;法律是紫色;農業領域是玉米黃;牙醫專業是美麗的紫丁香。

很紐約的紐約大學畢業典禮

跟臺灣很多大學一樣,紐約大學也有大畢典和小畢典。

小畢典是各學院自行舉辦的典禮。在小畢典上,畢業生們會被依序唱名至台前,由師長們進行撥穗。有趣的是,如同紐約這座城市一樣,紐約大學的畢業生們也是來自世界各地,因此為了避免唱名錯誤,畢業生可先上傳名字發音的錄音檔,確保司儀念出正確的名字。此外,學校也會設立直播平台,讓在世界各地無法前來參與的家長們,也能夠看到孩子們的重要時刻。

大畢典則是全校性的典禮。每年固定在棒球迷的聖地洋基球場舉行。而且在大畢典的前夕,帝國大廈還會亮起象徵紐約大學的菫紫色燈光,用最紐約的方式來為畢業生喝彩。

和全世界交朋友：學生會活動主席

擔任學校博班的學生會活動主席初期，還是疫情正盛行的時候。當時學生會的大家齊心協力，想方設法透過各種線上平台與活動，連結凝聚同學們的感情

博士班的求學過程中，除了進行學術研究以外，參與校內外社團的活動、與不同專業領域的研究人員們一起共事，也是一個充實自己、增廣見聞、拓展人脈很棒的方式。

來自世界各地學生互動的過程

因紐約匯集了來自世界各地的科學家與學生，在參與社團的過程中，有更多機會能接觸到多元文化背景的人們。我自己在博班二年級時，加入了學校博士班的學生會，擔任活動主席，負責籌畫每個月的 happy hour、夏日的戶外野餐活動等等。在辦活動的過程中，深刻感受到不同文化與個性的朋友們做事情的差異，有些人個性熱情做事隨和，有些人性格嚴謹有條不紊。能夠在學生社團實際學習如何與不同文化的人們共事，理解彼此的差異並一起完成許多活動，真的是非常難得寶貴的機會。

讓科學更普及：在紐約小學擔任助教

除了學生會社團以外，紐約大學醫學院也有一個社區參與計畫，稱為「community outreach program」，學校主動去接觸在地社區，讓當地居民特別是中小學生們，能夠有更多機會學習科學知識，甚至實際參與科學研究。

在哈林區一位小學老師的協助合作下，我有幸能參與這個計畫，擔任該班科學課程的助教，和小朋友們互動教學。最印象深刻的是，小朋友們都很有科學的資質與興趣，但很可惜因為生長環境的關係，沒有足夠的資源與支持去持續追求對科學的熱情。

這也讓我更加確信，科學不僅僅只是在實驗室而已；科學，應該要變得更加平易近人，讓更多人有機會接觸到科學。

美國博班的訓練重點：電梯報告

> 不僅是在電梯情境中使用，電梯報告技巧也可以應用在學術論文海報競賽，或是任何「需要簡短介紹一個複雜的概念，並且試著說服別人」的過程。電梯簡報，是每個科學家必須熟練的技巧

> 照片是電梯演講比賽當天一大清早，前往學校醫學院的路上。早晨金黃色的陽光，伴隨著咖啡的香氣，照耀著正在運動或前往工作的人們

電梯報告(elevator pitch)，這個可能有人覺得是銷售員才要訓練、跟科學家沒有關係的技巧，在近年來，可以說是美國許多生醫博班訓練學生的關鍵技能。

搭電梯時間，簡明扼要說明簡報

電梯報告，亦有人稱為電梯簡報，是指發生在電梯裡或等待電梯時所進行的簡報。這個概念的情境是：假如某一天，你剛好跟某個潛在客戶或投資者搭同一班電梯，你要如何在短短幾分鐘內推銷你的產品，讓對方產生興趣，甚至願意購買你的產品，對你進行投資？

有人可能會說，推銷產品和科學家有什麼關係呢？推銷技巧只有銷售人員才需要練習，科學家們只要專心做好研究就好了。然而，事實上正好相反。很多時候，即使科學家做出很好的研究成果，但若沒有相對應的說故事技巧的話，是很難吸引到其他人的注意的。換句話說，科學家反而更需要去磨練自己的推銷技巧，訓練自己如何讓其他人，不單單只是其他科學家，甚至是一般大眾們，對你的產品也就是研究成果買單。

所以，雖然電梯報告的起源是在電梯，但這樣的概念其實也可應用在各種場合，在學術研討會的休息時間、在演講活動後的簡短聊天、在求職博覽會的面試現場，甚至是在非專業場合，例如酒吧、餐廳、happy hour。基本上只要有人問你：「所以你是在做什麼呢？」或「你的研究類型是什麼？」你都可以拿出你的電梯簡報講稿，簡單清楚地介紹你的研究。隨時隨地準備好你的簡報，對現代的科學家來說，已經是一項必備且實用的專業技能。

不論是電梯報告或是任何的上台報告，事前多加練習，請朋友或學長姐們給予指導與建議，是呈現出好報告的不二法門

電梯報告的訓練過程

我們學校的免疫學博士班，每年都會舉辦電梯簡報競賽。主要是由三年級以上的免疫學博班生參加，參賽者要在短短的3分鐘之內，純粹用口述的方式，不能使用投影片，來介紹自己的研究。最後由聽眾們投票決定，看看誰的電梯簡報最吸引人，最讓人願意花錢投資他。而且，因為預設的目標是一般大眾，所以在這場電梯簡報競賽中，規定不能使用任何的專業術語。如果使用的話，就必須清楚地解釋說明該術語是什麼意思。

儘管報告只有3分鐘，但因不能使用任何投影片或白板繪畫來輔助，所以現場全部的觀眾，注意力都會集中在講者的口語表達與肢體動作上。再加上時間極短，報告過程中的任何卡頓或吃螺絲，都會嚴重影響簡報內容的傳達。因此電梯演講的準備，其實比一般的上台報告更加緊張，必須事前反覆練習，斟酌字句，以確保演講時能夠流暢表達，緊緊抓住觀眾的注意力。

像這樣針對科學家的電梯報告訓練，並不只是紐約大學有，美國各地很多的大學研究所，也都有類似的簡報競賽，像是：限定5分鐘，採用chalk talk形式，禁止使用投影片，而是以傳統授課的形式，一邊在白板或黑板上書寫，一邊講解介紹科學研究。或者是限定報告3分鐘，只能使用1張投影片，來介紹研究成果等等。各個學術研究單位，有著不同的模式，來訓練科學家們的簡報推銷技巧。

研究生的省錢小撇步

某天我們老闆參加會議後剩下來的食物，大家直接把所有的食物整盤端回辦公室

美國博士班通常到了第四年以後，該修的課都修完了，所以幾乎不會遇到同班同學。我和同學們常打趣的說，到了這個階段，唯一能見到彼此的場合，大概就是有免費的午餐，或是開會演講結束後有剩下食物的時候了吧。

多出來的會議食物──不需要煮飯的祕密

在醫學院念書工作，每天我們都會收到許多的演講與開會通知。有開會與演講，通常就會有食物與點心，從常見的比薩、貝果、三明治餐盒，到好一點的可能會有起司拼盤、墨西哥卷餅或塔可餅之類的。會議在下午的話，可能會有司康、可頌等等糕點類型的餐點。不過，要說到目前聽過最令人印象深刻的會議食物，就不能不提某間同樣也位於曼哈頓的某所常春藤醫學院的教授會議，他們準備的會議食物竟是來自上東區的壽司！

由於這些會議餐點通常都會訂得比預計人數多，所以我們很常會收到類似以下的郵件：「某某會議室開完會有多出來的食物，大家可以趕快去拿！」這類食物通常都非常搶手，寄出email的30分鐘內很可能食物就都被拿走了。我認識一位研究助理，他的消息非常靈通，醫院醫學院哪裡有開會？哪裡有多出來的食物？他都瞭若指掌。他甚至可以靠這些餐點，最高紀錄一整個禮拜的三餐，完全不需要煮飯或買其他的食物，非常厲害！

在美國留學念書，如何吃飯省錢呢？在實驗室放一個空的便當盒，或許是一個好主意。

用臺灣美食讓外國人品嘗臺灣味

> 我們實驗室每年年末都會定期舉辦holiday party。除了是每人必須攜帶一道料理的potluck形式以外，還會有神祕的交換禮物活動，氣氛非常溫馨有趣

美食是世界的共通語言，也是推廣臺灣文化最好的方式之一。但是要準備什麼樣的食物，才能夠讓外國友人更加認識臺灣呢？這是我剛來美國念書時，第一次遇到最苦惱的問題。

Potluck Party 該帶什麼食物

Potluck，是一種國外很常見、一人帶一道料理的派對形式。在紐約，由於許多實驗室成員們都是來自不同的國家，所以potluck是一個很棒的機會，可以充分展現自己國家的飲食文化。但也因此，每當準備potluck時我總是很苦惱，到底要帶什麼樣的臺灣料理才夠味？既不會太麻煩，又可以推廣臺灣的特色。

我曾經在社群媒體上舉辦投票，詢問讀者朋友們參加potluck時，推薦準備什麼料理來展現臺灣的文化特色。根據大家的投票結果，我整理出了這份potluck臺灣美食排行榜！

第十名：炒麵、炒飯。第九名：紅豆湯、綠豆湯、豆花、愛玉或仙草。第八名：皮蛋豆腐。第七名：蚵仔煎。第六名：三杯雞。第五名：番茄炒蛋。第四名：珍珠奶茶。第三名：鹹酥雞。第二名：蛋餅、蔥油餅。第一名：滷味。

這個排行榜的料理，大部分都很好準備，原料也很容易取得。但值得注意的是，有些受到臺灣人喜愛的料理，對部分外國人來說可能會有點排斥。像是排行榜裡皮蛋豆腐的皮蛋；還有讀者朋友曾經分享，他準備了紅豆湯但對方面露難色，可能因為某些文化裡認為豆類屬於鹹的食物；另外，排行榜的第一名滷味雖然簡單且具代表性，但滷汁裡的中藥材，可能也會讓有些外國人無法接受。

不過話又說回來，如果大家的目的，是要讓外國人體驗「道地正宗」的臺灣美食的話，或

把蛋餅切成一小份像是finger food，既好看又方便入口。而且一次準備3個口味：玉米、鮪魚和火腿。推廣臺灣早餐店美食，3種美味一次滿足

許這些外國文化裡沒有的東西，反而會更具有特色與魅力也不一定呢！

所以，當時第一次參加potluck，正苦惱著要帶什麼臺灣食物的我，後來準備什麼料理呢？由於當時是下大雪的寒冷冬季，所以我準備了麻油雞。儘管有刻意降低米酒與薑的量，但最後似乎大家還是有點無法接受。有了這次經驗後，第二年我調整目標，希望能讓大家都能盡情享受，所以我準備了蛋餅！而且還一次備齊3種口味：鮪魚起司、火腿起司和玉米起司。果然，這次的銷路非常好，3種口味都被一掃而空。同事們一邊吃著蛋餅一邊稱讚，而我也把握機會趕緊跟外國友人介紹：這是臺灣的特色美食，是臺灣獨特的早餐文化中不可或缺的一部分！

在紐約重現臺灣早餐店蛋餅所需的原料

19

參加學術研討會如何準備

Adobe的Illustrator和InDesign雖然難上手，但熟悉以後會成為製作海報和論文figures的必備神器

　　參加學術研討會，了解目前這個研究領域的最新趨勢、認識志同道合的科學家夥伴、拓展自己的人脈網絡與潛在合作對象。每次參加完研討會，實際感受到有一群人也在這條追求真理的道路上前進，我總是受到鼓舞，也對自己的研究，產生更大的熱情與動力。

準備學術壁報競賽

　　大家可能會很意外，參加學術研討會其實非常昂貴。光是報名費可能就要700～1,000美元以上，更不用提機票和住宿開銷。因此，對於博班學生或博士後研究員來說，想要參加研討會，就勢必要有研究計畫或實驗室的資金補助。雖然拿到這些補助後並不會被強制要求參加壁報競賽，但我還是非常推薦大家，盡量去報名壁報競賽。因壁報競賽本身，不僅可以讓我們重新檢視自己的研究、訓練邏輯清晰講故事的能力，還可大幅增加與他人互動的機會，甚至得到不少針對自己研究的回饋與意見。

　　學術壁報的準備過程，不外乎海報製作與講解練習兩個階段。

　　要用什麼軟體來製作海報呢？有不少人會直接使用PowerPoint，但我極推薦大家利用Adobe InDesign來製作。雖然一開始要花一點時間學習，但是上手以後，會節省你非常多的時間；尤其搭配Adobe Illustrator使用的話，如果製作海報時有些小細節要調整，也不用再重新回到原始圖表去做修改，直接用Illustrator調整，調整結果會自動更新在InDesign裡面，非常有效率！至於講解練習，我建議大家可以準備不同時長的講稿，1分鐘版、5分鐘版或10分鐘版。休息時間的閒聊可以用1分鐘版；如果聽眾只是想大概聽聽看你的海報，可以用5分鐘簡短版；如果看起來對方意猶未盡，可以切

參加位於日本淡路島舉行的進階免疫學研討會。在臺上與來自世界各地的免疫學家們分享我的研究成果

換成10分鐘的版本。有不同時長的講稿，會讓你在講解的過程中看起來更有自信，也不會遺漏掉任何重點數據與想呈現的觀點。

把握上臺演講報告的機會

在學術演討會上臺報告，是一個可遇不可求的機會。絕對要好好把握。因為臺下坐的都是這個領域的大師，所以在舞臺上演講是一個極佳的時機，既可以增加自己研究的能見度，也可以尋求潛在的合作機會。我自己就有好幾次類似的經驗，報告結束後的休息時間，教授們主動前來討論，關於我的研究細節以及可能的應用方向。有趣的是，研討會上有一些教授的問題，剛好就是後來我們在投稿期刊時，審查人回覆的意見與問題。也因為我們在研討會上已經知道了這個問題，所以之後在投稿期刊前，我們便預先做好了準備，讓後續的投稿過程順利不少！

帶著海報去旅行

儘管近年來有些研討會可以讓參與者們先上傳檔案，然後現場印製海報。但目前大多數的研討會，參與者們仍得自己攜帶海報至現場。如果是傳統的海報紙會有摺痕，所以必須用伸縮畫筒來攜帶；有另一種海報印刷是布面的材質，那就可以直接摺疊收入行李箱內。分享一個實用的小技巧，一到飯店房間，立刻讓海報攤平壓在床墊下，摺痕會少很多，海報會變得美觀不少！

參加Keystone Symposia免疫學研討會，會議地點位在猶他州鹽湖城高山上的一座滑雪勝地

最大收穫：親睹頂尖科學家們的風采

我參加過印象最深刻的研討會之一，是生物醫學領域中鼎鼎大名的Keystone Symposia，當年是在猶他州的鹽湖城舉辦。在這為期4天的研討會中，來自美國各地、歐洲、亞洲等等頂尖的免疫學家們，大家齊聚一堂互相交流，分享最新的免疫學研究與發現。

我的指導教授身為這個領域的大師，也獲得了主辦方的邀請在研討會上演講。演講結束後的中場休息，我們老闆跑來跟我說：「我等等把你介紹給R教授認識。」（R教授也是大師，同時也是這場研討會的主辦人）於是當天的晚宴，我們老闆把我帶到R教授與眾多大咖教授們的「主桌」一同用餐。一坐下來放眼望去，整桌都是我們領域赫赫有名的大師教授，他們實驗室的研究，每年都是發表在世界最頂尖的學術期刊。吃飯的過程中，聽到這些大師們互相交流，侃侃而談，談論現在研究的進度與困境、談論未來科學的發展與方向、談論過去發生的祕辛與趣事⋯⋯讓人聽得非常過癮。這些以往只在教科書或論文上出現名字的教授們，現在就在眼前，能夠當面向其請益討教，這彷彿就像是見到明星般令人興奮與雀躍。

參加研討會最大的收穫，除了瞭解最新的研究趨勢、認識許多新朋友以外，我想更重要的是，能夠在研討會的過程中，與優秀的科學家們深度交流，觀察他們是如何思考問題？如何看待事物？如何與同儕間進行思辯與問答？參加完研討會後的我，總是深深地受到激勵與鼓舞，並且也希望能夠成為那樣的科學家。

內向人的社交指南

> 每次即將踏入社交場合前，我總是會深呼吸，告訴自己：我做得到。現在是提起勇氣的時候，積極地與人展開對話和交流

內向人一般被認為沈默害羞不擅社交。其實不然。我有很多內向的美國朋友，他們平常安靜寡言，但如果必要時，在各種社交場合他們也會很積極地主動和陌生人對話，展現出與平常截然不同的一面。

減輕社交焦慮的小技巧

我剛來美國時，對於社交場合有很大的焦慮和不適應。

一開始幾乎插不上話，只能在旁一邊聽對方說，一邊點頭附和。為了克服這樣的焦慮，我後來每次在參加社交活動前，一定會先在腦海裡想像現場的狀況，想像可能會遇到哪些人？然後針對每一個人，寫下2、3個聊天話題，像是對方的近況、對方最近在忙的事、之前談論過的話題，準備一個客製化的「話題清單」，既能降低不知道該說什麼的焦慮感，也能避免令人感到尷尬的沈默。

另一個也幫助我克服社交焦慮的方法，就是找朋友一起參加活動。在滿滿陌生人的環境裡，有認識的人在身邊，心裡會踏實很多。若一個人參加研討會的話也不用焦慮，因為現場一定也有單獨行動的人，通常研討會裡的人都很友善，也很樂意認識新朋友。

實戰演練！簡單話題讓初次見面的聊天更流暢

但若是初次見面的場合，有沒有通用的「話題清單」是可以普遍適用在任何人或任合情境呢？在美國的社交場合裡，各地天氣差異、交通情況、旅遊美食經驗、各州文化差異……都是很安全的話題。

所以，若今天要參加研討會，我會先在腦中想像現場的狀況，大概會遇到哪些人。然後真

研討會的poster session也是絕佳的破冰機會！向對方請教討論有興趣的研究，是迅速認識新朋友的好方法

正對話時，第一步：先使用客製化或通用的「話題清單」。通常在研討會第一天大家的話題不外乎「從哪裡來？」、「旅途還順利嗎？」、「時差還適應嗎？」等等。

第二步：當分享完你的「話題清單」後，可以反問對方「How about you?」等於是把你的話題清單遞給對方，讓對方分享對這些話題的想法。

第三步：也是最關鍵的一步，在對方持續分享的同時，在心裡記下對方句子裡的關鍵字(時間、地點或事件)來做延伸。舉例若對方提到「去年12月來紐約跨年，天氣很冷。」的話，這句話裡就至少有3個關鍵字「紐約」、「跨年」、「很冷」可以延伸。所以對方講完以後，你就可以根據這3個關鍵字，分享你的相關經驗，讓這個對話流暢地持續下去。

Pro tip! 進階小技巧

如何在多人對話群組中製造更多的聊天機會

研討會上的社交時間，很常見到一群人圍成圈圈進行聊天對話。在這個場合下，當你分享完你自己的「話題清單」後，你甚至可以友善禮貌地指名圈圈內一直沒機會講到話的人(一樣使用How about you?)把麥克風遞給新的朋友。不僅讓更多的人說到話，創造出更多話題，也能藉此迅速且自然地認識更多新朋友。

留學生常見的心理狀態：冒名頂替症候群

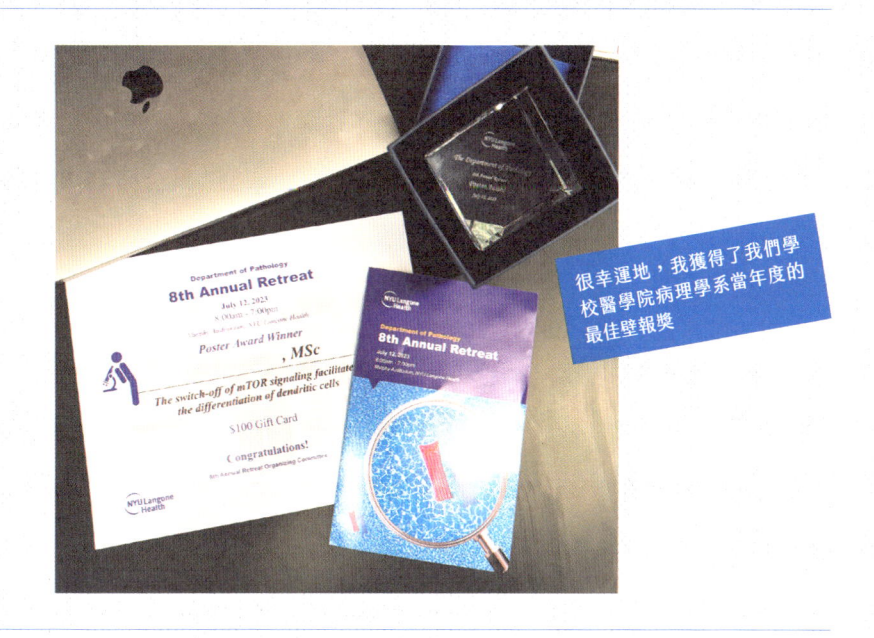

> 很幸運地，我獲得了我們學校醫學院病理學系當年度的最佳壁報獎

跟美國人聊天，其實很常聽到impostor syndrome(冒名頂替症候群)這個單字，是一個不需要特別解釋的醫學名詞。它的定義是：即使自己的成就很明顯是透過努力得到的，卻仍覺得這些成功是欺騙而來的，甚至認為自己只是騙子，不值得獲得成功。

克服冒名頂替症候群的經驗

幾年前，我參加了醫學院病理學系舉辦的壁報論文競賽。很幸運地我得到了基礎研究組的最佳壁報獎。隔天午餐時，實驗室成員、同學與老師紛紛跟我說恭喜。儘管他們說這是你應得的，但我內心一直有一種聲音出現「我其實沒有那麼厲害」、「我名不符實」。

幾週後的早晨，我打開學校信箱「We are pleased to inform you that…」原來，我之前申請的研討會獎金通過了審核，我很幸運地得到這個獎項。這兩件事雖然沒有關聯，但有一種感覺是相同的，覺得自己配不上這個成功。根據2011年的一篇研究，約有70%的人，至少在一生中的某個階段，都曾經有過上述的想法「懷疑自己是否真的具備資格」。

該如何去應對這個心理狀態呢？除了直球面對，並提醒自己這樣的想法很常見以外；意識並認知到這想法是不正確的，然後或許試著把這些懷疑自身的意念，轉移到如何能做得更好上面：「我有哪裡需要改進的？」「我有哪裡能夠做得更好？」

願我們都能夠不被自我懷疑所困擾，然後成為那個更好的自己。

適合做科學研究的特質

> 開拓人類世界的知識疆界,就算只有一點點。這個世界也因此而發生了改變

「你覺得,什麼樣的人適合做科學研究呢?」某天午餐時間,我們實驗室的暑期實習生問我這個問題。

想要為這個世界帶來一些改變

每年的暑假,我們實驗室都會有暑期實習生來進行實驗與研究。他們有些是來自紐約的明星高中、有些是來自常春藤的名校;有些人將來打算申請醫學院、有些人打算申請博士班。

被問到這個問題的我,當下腦海裡馬上浮現的答案是:具有強大的抗壓性或者是具有對實驗的熱情。但我又再想了一下,似乎這些比較像是「面對科學研究壓力時需具備的特質」。至於在一開始,還沒有切身感受到研究壓力之時,到底是什麼讓我決定踏入科學研究呢?我想,或許應該是具有那一種「想要為這世界帶來一點什麼改變」的起心動念吧!

這樣的動力,可以使我們對於「拓展人類知識邊界」這件事,產生真切的熱忱與勇氣。哪怕這個拓展可能只有0.001公分,但這個世界也會因此而發生改變。後面的科學家們可以在這個基礎上,繼續推進人類的知識疆界:探索未知的難題,改善人類的健康,發現疾病的解藥。

科學家們想要為這世界帶來一點改變,想要探索宇宙萬物之間的真理,或許可以從科學研究的最高學位博士(Ph.D.)這個名稱看出端倪吧,Doctor of Philosophy,這裡的 Philosophy 是源自古希臘語,指的是對尋求智慧真理的愛(love of wisdom)。給所有熱愛且正在尋求宇宙萬物之間智慧與真理的前輩、同儕、後輩們,希望我們都能夠在這條路上,持續地為這個世界帶來一點改變。

在美國，人脈很重要

> 很榮幸受邀參加德州臺灣生物科技協會的年會。在年會上認識了許多非常厲害、同樣也在美國打拼的臺灣科學家們

在臺灣有些人認為「美國社會不像臺灣。美國人只會看你的實力，不會去管你認不認識誰。」就我在美國多年的經驗，我會說：「美國社會是既看你的實力，也看你的人脈。」

多建立人脈，在美國很受用

甚至可以不誇張地說，美國是一個非常看重人脈關係的社會。申請研究職位時，實驗室會去探聽申請者在同事師長間的評語；求職找工作時，有認識公司內部員工的求職者，遞交資料的網頁連結與一般的求職者是不一樣的。這些都是在美國是很常見的現象。這個現象，在競爭越激烈的位置上越明顯，你有沒有認識的人？有沒有人可以引薦你，讓你直接跟可以做決定的人聯絡？在美國，當大家都一樣優秀的時候，「人脈」往往就是那個能讓你脫穎而出的重要關鍵。

參加社交活動並勇敢踏出第一步

要如何在美國建立人脈呢？有三個關鍵的心態想與你分享。首先，最重要的心態是：不要等到需要人脈的時候才去建立人脈。定期更新你的履歷和LinkedIn、有空時參加社交活動、不需帶有任何目的性，純粹認識朋友也是一件很棒的事。事實上，臺灣人在國外求職有一個最大的優勢，那就是海外臺灣人互相扶持的精神——只要知道雙方都是來自臺灣，通常親切感會瞬間倍增，很容易立刻拉近距離。

更棒的是，在美國的生物醫學領域，有許多非常活躍的臺灣生醫專業人士組織，像是德州臺灣生物科技協會(TTBA)、波士頓臺灣人生物科技協會(BTBA)、台美生技協會(TAAB)等等。而在生物醫學以外，多個不同專業領域的社團、各地的臺灣僑胞團體，還有積極連結臺灣與美國、推廣臺灣文化不遺餘力的臺北經濟文

多參與不同領域的社團組織，彼此互相拓展人脈網路，這是念書做研究之餘，很重要的一件事。圖為有幸受邀參加台美生技協會，與眾多前輩們分享科學家經營社群網路的經驗

化辦事處，都是臺灣人在美國結識新朋友、踏出日常交友圈，拓展人脈的絕佳機會。

當然，並不是只要你是臺灣人，對方就必須無條件幫助你。人際關係的建立是互助互相的，而且必須是以專業能力為根基的。因此，在建立人脈的同時，也不要忘記持續提升自我反求諸己。如果人脈是一本存摺的話，那麼你的專業能力是存摺的帳戶，而成熟圓融的態度則是存摺的密碼；前者讓別人知道你可以提供什麼幫助，後者讓你在需要時，可以順利提取人脈。

第三個建立人脈的重要心態是：勇敢踏出第一步，主動聯繫對方，不要擔心被拒絕。以我自己為例，儘管紐約大學碩班並沒有規定要進實驗室，但因為我對某位教授的研究非常有興趣，因此非常希望能加入其實驗室。然而，因為這位老師是該領域的大師，我很擔心自己會因為不夠優秀而被拒於門外。在猶豫了許久以後，我抱著「大不了就是被忽略或被拒絕」這樣的心態，寫完郵件寄了出去。幾天後，我得到老師正面的回應，面談後順利加入其實驗室。獲得了許多寶貴的研究知識與經驗，認識了很多非常厲害的優秀科學家前輩，得到了一生受益無窮的建議與回饋，讓我更加堅定自己想要攻讀博士的決心。進入博士班的契機，可以說正是從那一封信開始的。

最後，讓我跟你分享某位教授曾跟我說過的話：Let them tell you no.這句話的意思是：當你猶豫不決、認為自己可能被拒絕而想放棄時，不要否定自己，儘管去嘗試！就算會被拒絕，也是讓那個最後做決定的人來拒絕，而不是你自己。

多元紐約，多彩文化

在紐約的咖啡廳、餐廳或地鐵上，常常可以聽見多種不同的語言彼此交談著。這張照片拍攝的當下，我就聽見了英文、韓文與西班牙文的對話正在進行中

美國，是一個多民族的移民國家。而紐約，正是多民族匯聚的代表。來自世界各地的移民們齊聚在這座城市，帶給紐約多采多姿的魅力。不同背景形形色色的人們，是紐約最迷人的地方。

多國語言並存的紐約地鐵車廂

紐約地鐵，是紐約多元文化具體而微的體現。在地鐵車廂內，同時聽到兩三種語言在交談是一件非常普遍的事。英文、西班牙文、中文、韓文、德文等等。尤其若是搭乘7號線地鐵，由於這條路線途經皇后區內不同族裔的移民社區，因此在車廂內，有時最常聽到的不是英文，反而是西班牙文或中文，7號線地鐵也因此被暱稱為「國際特快車」呢！

會說3種語言的Uber司機

週日下午，我搭乘Uber前往紐約JFK機場。一坐上車，我拿出這次出差開會的資料準備閱讀。前方的司機透過後照鏡，看了看我以後說：「你是韓國人嗎？」，「不是，我是臺灣人。」我抬頭回答道。「喔！臺灣！」司機的語調提高了好幾度。「我對臺灣非常有興趣！」、「所以……臺灣是中國的一部分嗎？」，我放下手邊的資料說道：「我們不是中國的一部分。」我慢慢地跟司機解釋。「我們是一個民主自由的國家，我們可以投票選出我們的總統。」

自從來美國以後，我被問過非常多次類似的問題，所以我已經可以很熟練仔細地跟對方說明，為什麼臺灣是一個獨立的國家。繼續聊了一陣子後我才知道，原來這位司機對臺灣感興趣，是因為他最近正在學中文。

前往JFK機場的路上。與這位司機聊天的過程中，一邊看著窗外，一邊聆聽司機如何從在瑞士日內瓦工作，一路輾轉來到紐約的人生故事

　　這位來自巴基斯坦的司機，18歲時跟家人前往瑞士日內瓦生活，在找工作時，因對方只招募會說法語的人，所以他就自學法語。28歲時，因為聽說紐約有很好的工作機會，所以就跟著親戚來這裡，一待就待到現在已經將近30年了。

　　「之後有機會歡迎你來臺灣，臺灣有非常多好吃好玩的美食與景點。」車子抵達JFK機場，下車前我跟司機說道。

　　進入機場，拖著行李走在出境大廳，看著熙來攘往的人們。這幾年，隨著世界局勢的轉變，有越來越多外國人認識臺灣，而臺灣在國際社會上，也變得越來越重要；然而有一點是臺灣一直以來不變的──臺灣人的友善和熱情。我的許多外國朋友們，當他們知道我來自臺灣後，總會很雀躍地跟我分享他們在臺灣旅行過程中，遇到各種臺灣人的善良與好客。每當聽到這些稱讚，我總是感到與有榮焉、無比喜悅。也希望自己有機會能夠用綿薄的力量，讓更多國際友人們知道，在地球的另一端，有一個小小多山、溫柔堅韌的美麗國家，她的名字叫做臺灣。

體驗到世界的廣大，成為更好的自己

　　週日早上，曼哈頓中城的咖啡廳內。坐在我對面的，是一位同樣也是紐約大學生物碩士的後輩。透過系上的校友名單，這位後輩主動聯絡我，因為她剛拿到數間美國與英國的博士班面試邀請，所以希望我可以幫助她，提供一些我的面試心得與建議。

　　「所以你來自臺灣嗎？」一坐下來後，她先寒暄問道。「是的，我是在臺灣出生長大。」，「那你會說中文嗎？」她突然切換成中文問我。我當下突然反應不過來。因為眼前這位後

> 與這位維吾爾族研究生聊完後的當下，深刻地感受到世界的廣大。有許多人不僅聰明優秀，而且還非常努力

輩，有著深邃立體的五官，貌似來自中東西亞地區，但卻說著一口流利的北京腔中國話，給人一種強烈的違和感。

聊了以後才知道，原來她是維吾爾族人，北京大學畢業後工作一陣子，幾年前來到紐約念碩士，並同時準備申請博班。幾天前，她才剛完成英國劍橋博班的面試。此外她也拿到了包含我們學校在內，多所紐約最頂尖的生醫學校面試通知。在與她分享我的經驗的過程中，她不時會提出一些經過深思熟慮、有準備好的問題。雖然只有短短幾10分鐘，但我完全可以感受到，眼前這個人，聰明、認真且非常優秀。

回程的地鐵上，我想起了一個常被問到的問題：跟在臺灣相比，在國外念書工作最大的收穫是什麼呢？

我覺得大概就像是這樣吧。在國外能夠有更多的機會，能夠與全世界各地不同背景的人們交流互動，認識到更多優秀的人們，體驗到這個世界的廣大，然後感受到自己的渺小，最後成為一個更好的自己。

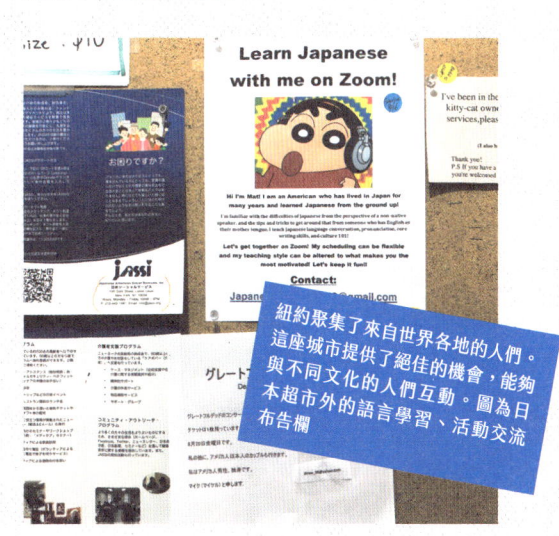

> 紐約聚集了來自世界各地的人們。這座城市提供了絕佳的機會，能夠與不同文化的人們互動。圖為日本超市外的語言學習、活動交流布告欄

感受多元魅力，創造屬於你的紐約經驗

走在紐約街頭，享受不同的多元文化，每一天都是新的學習

以前在國中社會課本上學到，美國是世界各地民族的大熔爐。但來了美國才發現，民族大熔爐其實不盡正確，更精確地說應該是民族大拼盤。

紐約是經典的文化大拼盤

尤其來到大蘋果，各文化就像拼盤般，韓國城、中國城、小希臘、小義大利，不同文化在紐約這座都市多元並存。你可能週末跟來自印度和歐洲的朋友，中午先在唐人街探訪有百年歷史的粵式飲茶；接著轉身前往一街之隔的義大利社區，品嚐道地的義式冰淇淋；晚上前往韓國城，大快朵頤正宗的韓式烤肉。各國文化百花齊放，就像沙拉拼盤一樣，呈現出豐富色彩與美麗滋味的同時，卻又各自保有原本的特色與樣貌。

If you can make it here, you can make it anywhere.

千里迢迢來到紐約，我認為最重要的就是要善加利用紐約最大的優勢——多元文化兼容並蓄。親身感受不同觀念之間的激盪，享受這一切並拓展自己的眼界。舉例來說在我們實驗室，匯集了來自世界各國的人們。午餐聊天過程中，可能前一秒我還在跟精通日文的韓國人，討論東亞文化與西方文化的不同，下一秒我便跟在法國長期工作過的希臘人，討論歐洲與美國的工作生活平衡差異。這些過程，都是在教科書或網路上不可能學到，只屬於你自己獨一無二的紐約經驗。

保持開放，不停學習，用尊重包容的心態去探索這座城市。樂於挑戰，接受失敗，勇於改變。If you can make it here, you can make it anywhere.

食

外食，美味又省時

Eating Out

沒時間煮飯？週末與朋友聚餐？有哪些健康美味、錢包低負擔的餐廳選擇？哪些是屹立不搖、橫跨世代留學生的經典名店？又有哪些是冉冉升起、即將引領潮流的新興之秀？與你分享紐約在地生活餐廳，與那些在外用餐飲酒的重要大小事。

紐約常見的外食選擇

自己下廚畢竟還是要花時間,不想煮飯又不想花太多錢時,有什麼簡單、健康又美味的選擇呢?以下分享幾家紐約常見、快速方便、一個人也能安心走進去的平價快餐店。有墨西哥口味、地中海料理、新鮮有機沙拉、道地日式與韓式料理。價位約$15〜20/人,對錢包不會是太大的負擔。

Chipotle

www.chipotle.com

1993年創立於科羅拉多州丹佛,Chipotle是一間全美國知名的墨西哥連鎖餐廳。店內主要販賣沙拉、塔可餅(tacos)、墨西哥卷餅(burrito)或墨西哥卷餅碗(burrito bowl,有卷餅的內餡但沒有餅皮,而是以碗作為載體)。因餐點便宜、分量足夠、美味又方便,所以Chipotle不僅在紐約,在美國各地都受到人們的喜愛。儘管Chipotle親民普遍,但因點餐過程有許多選項,所以第一次來這間餐廳的話,可能會不知所措,以下分享如何點餐。

1.Chipotle是留學生不想煮飯時的外食好朋友/2.墨西哥卷餅碗,滋味豐富又有飽足感,是我每次來Chipotle的必點品項

Chipotle 點餐步驟

STEP 1
選擇餐點種類

選tacos的話預設會有3個taco,也可以指定只要一個或兩個tacos,接著選餅皮(tortilla)的種類,可以選用玉米粉做的crispy corm tortilla或小麥粉做的soft flour tortilla。

若選burrito、bowl或salads的話不需多做選擇,直接前往第二步。

STEP 2
選擇是否要米飯(rice)

可以選白米(white rice)或糙米(brown rice)。

STEP 3
選擇豆類(beans)

可選黑豆(black beans)或花豆(pinto beans)。

首次Chipotle懶人包：還是眼花撩亂？不妨試試這個我最喜歡的組合，照著順序一步步跟店員點餐即可：Bowl→Brown rice→Pinto beans→Barbacoa→Tomato salsa、Roasted chili-corn salsa、Sour cream、Cheese 與Romaine lettuce→結帳。

Cava

cava.com

1.以地中海料理為特色的Cava，健康、快速、美味，非常推薦給大家／2.不想多做選擇的話也有chef-curated 菜單，店家直接幫你配好的美味

也是全美國各地都有的連鎖餐廳，主打地中海料理的快餐店。餐點類型主要有兩種：bowls和皮塔餅(pita)。點餐的流程跟Chipotle很像，先決定要點bowls或是pita，接著可以選擇想要的蔬菜、穀物、沾醬、肉類蛋白質、額外的配料以及醬料。推薦大家可以試試看他們家的希臘黃瓜優格醬(tzatziki)、鷹嘴豆泥醬(hummus)、菲達起司(feta)或是哈里薩辣醬(harissa)；蛋白質的話，辣味羊肉丸(spicy lamb meatballs)或油炸鷹嘴豆餅(falafel)也是很熱門的選擇。

STEP 4
選擇蛋白質

雞肉(chicken)和牛排(steak)很好理解，大家可能比較陌生的是慢燉牛肉(barbacoa，可以直接說beef)、手撕燉豬肉(carnitas)以及豆腐(sofritas)。

STEP 5
選擇配料

除了酪梨醬(guacamole)需要加錢以外，其他各種配料像是：莎莎醬(salsa)、酸奶油(sour cream)、起司(cheese)、白起司沾醬(queso blanco)、蘿蔓萵苣生菜(romaine lettuce)以及炒蔬菜(fajita veggies)，想選多少種類都沒問題。

另外莎莎醬又可再細分微辣的tomato salsa、中辣的roasted chili-corn salsa、tomatillo-green chili salsa或大辣的tomatillo-red chili salsa。

Sweetgreen

www.sweetgreen.com

1.Sweetgreen也是留學生的外食好朋友！不過是比較貴的好朋友……(健康！值得！)／2.營養健康、快速又有飽足感，是午餐的熱門選項

我最喜歡的連鎖沙拉店，在全美國各地都有分店。尤其在紐約與洛杉磯，Sweetgreen更是受到當地人們的推崇與喜愛。健康、美味又快速的餐點、使用新鮮有機食材、與在地農場合作、減少碳足跡排放，這些都是他們家與眾不同的地方。Sweetgreen的餐點種類選擇非常多，大致上可以分為3種類型，分別是以蔬菜為主的salads、注重均衡食材的bowl、以及以主打高蛋白質的protein plates。可以依照你的喜好，選擇完全客製化的build your own。

有選擇困難的話，不妨試試看我心中的第一名Harvest Bowl：羽衣甘藍、野米、烤番薯、羊奶起司、炙烤雞肉、撒上烘烤過的杏仁，搭配義式巴薩米克油醋醬，是他們家人氣最高的餐點。可以選擇油醋醬的量(light、medium或heavy)，最後店員會問你要不要麵包(不需額外付錢)。

如果偏好蔬菜量多一點的話，我也很推薦Kale Caesar，它是由蘿蔓萵苣和羽衣甘藍為基底，加上炙烤雞肉與凱薩醬，搭配由帕瑪森起司脆餅和帕瑪森刨絲所組成的雙重濃郁起司口感，最後再加上新鮮番茄與現擠的萊姆汁，是清爽無負擔又有飽足感的健康選擇。

DIG

www.diginn.com

2011年源自紐約，目前只在東岸設立分店的快餐店。和sweetgreen一樣有plates或salads的餐點類型，但是他們家的選擇相對直觀很多。因為Dig餐廳所提供的選項，是一道道已經料理調味過的菜色，而非像sweetgreen的選項多半是原始的食材。所以DIG給我的感覺，其實很像是臺灣的便當快餐店。

點餐時，先從蔬菜、糙米或是法羅麥(farro，一種穀物)擇一作為基底；接著可以從雞肉、鮭魚、豆腐等等蛋白質中選一道主菜；最後再選兩道配菜，像是紅椒烤球芽甘藍、炙燒花椰菜、烤番薯。如果不想主菜的話，也可以換掉然後多一道配菜。是不是真的很像便當店呢？

1.Dig是紐約常見的快餐店，提供紐約人營養均衡的餐點／2.熱食沒有過多的選擇，Dig是選擇困難症人的好朋友

日本超市即食餐點

Katagiri（近中央車站）

370 Lexington Ave, New York, NY 10017 | (917)472-7025 | 週一～五08:00～21:00，週六～日10:00～20:00

Katagiri 接近中央車站的分店，在入口處有販售人氣很高的御飯糰。簡單的美味，很適合當作午餐或是旅行出門時的餐點

日本超市是不想煮飯時的好選擇。逛自家附近的日本超市時，記得看看有販賣即食的餐點。以我最喜歡的日本超市Katagiri為例，他們家的便當、生魚片、壽司丼飯品質都相當不錯。就算沒有買菜的需要，不妨順道去店裡看看，可以選到美味可口的即食餐點當作午餐或晚餐。

值得一提的是，中央車站附近的Katagiri分店，有每天現做限量的御飯糰(onigiri)，如果你是從中央車站搭乘鐵路的話，出發前先來這間超市逛逛，採買一些簡單又美味的御飯糰。

H mart

沒錯，韓國超市H mart也有賣簡單的快餐。取決於店面的大小，店鋪內可能會設有不同規模的熱食區，你可以在店裡面買到像是韓式炸雞、海苔飯卷、泡菜煎餅等等可以立即享用的正宗韓式口味。

以位在曼哈頓32街K-Town中心和東村第三大道10街的兩間分店為例，這兩間店都有提供各式各樣的韓式美食。因此大家下次去H mart買菜時，或許也可以順便帶一些熱食回家，搭配超市裡販賣的韓式小菜，不用額外花時間煮飯，就是一頓簡單美味的晚餐。

K-Town分店
38 W 32nd St 2nd floor, New York, NY 10001 | (212)695-3283 | 08:00～23:00

東村分店
39 3rd Ave, New York, NY 10003 | (646)596-7755 | 08:00～23:00

1.辣炒年糕、泡菜炒飯、韓式炸雞等多種道地韓式料理，非常方便／2.各式各樣的韓式小菜，也很適合搭配留學生懶人料理，讓每日晚餐的豐富度再升級

KOBA Korean BBQ

我的私房韓式快餐名單。KOBA提供像是韓式拌飯、雜菜冬粉、紫菜飯卷等簡單樸實但帶來滿滿能量的道地韓國佳餚。個人最推薦他們家的便當餐盒(lunchbox set)——主菜超多選擇，選擇有牛小排、五花肉、辣炒豬肉或魷魚等，配菜可搭配韓式大醬湯、炸餃子、煎豆腐或蒸蛋等，最後還有三樣韓式小菜可選擇，這樣只要$20。而且現場點餐還有學生折扣。

位在Park Avenue的分店空間舒適寬敞，就算是內用或朋友下班聚餐也相當合適。雖然KOBA目前在紐約僅有3間分店，但我非常喜歡他們家的料理，特別推薦給你。

Park Avenue分店
460 Park Ave S, New York, NY 10016 | (646)952-0096 | 11:00～21:00

1.點餐機器是Kakao Friends的Ryan，非常可愛／2.KOBA也是一間很適合聚餐的餐廳，內用餐點看起來更加豐盛

食

臺灣留學生圈的
人氣餐廳

Eatery Picks

　紐約匯集了來自世界各國的道地美食，每當有外州的臺灣留學生來紐約找我時，臺灣料理、日本料理或韓國料理，總是大家一致同意的人氣選擇。以下的亞洲菜料理，是我造訪無數次，非常喜歡的餐廳。有些甚至是從疫情前就非常熱門，受到紐約人們持續熱愛而屹立不搖的美食選擇。

圖為位於紐約大學校總區附近的Karakatta拉麵店。以雞肉和大量蔬菜熬製而成的湯底，紐約眾多拉麵店中獨樹一幟，是少數有飽足感但不會感到油膩的拉麵

臺灣留學生圈的人氣餐廳　**NY**　135

在紐約嶄露頭角的臺灣料理

這幾年的大蘋果很「臺」。越來越多年輕新穎、設計感強烈、美味又有質感的臺式餐廳出現在紐約。不同於以往只有俗擱大碗，近年來的臺菜餐廳們，把臺灣料理用更精緻、更多樣化的元素，融合美國或紐約的在地文化，呈現給世界各地的人們。

鼎泰豐 Din Tai Fung

📍 1633 Broadway, New York, NY 10019 | ☎ (212)287-9178 | 🕐 週一～四11:00～21:30，週五～日10:30～21:30

位在紐約擁有超過450個座位的鼎泰豐，不僅是美東首間分店，更是目前全球規模最大的分店。坐落在Broadway和51街，是百老匯秀與劇場們的所在地。除了必點的小籠包以外，經典的排骨蛋炒飯與必搭配的紅油炒手、小黃瓜、臺灣高麗菜，每道都很接近在臺灣的口味。甜點的部分，大推麻糬巧克力小籠包，是臺灣吃不到的口味。

記得加點海鹽奶蓋，QQ甜甜的小籠包搭配海鹽奶蓋，鹹甜鹹甜非常美味。酒單更是特別，由噶瑪蘭單一麥芽威士忌為基底的DTF Old Fashioned，還有紐約限定版的Black Sesame Espresso Martini也都相當不錯。

1. 裝潢是古色古香低調奢華風格，店面占地廣闊，也設有酒吧／2. 紐約鼎泰豐內也有櫥窗，可以欣賞小籠包的製作過程／3. 鼎泰豐的吉祥物，金色版本的第一次看到／4. 如同第五大道的蘋果旗艦店，由地面上的玻璃帷幕建築進入，往下走即抵達店鋪的本體

886

2018年開幕，位在每到週末夜晚變熱鬧非凡的曼哈頓東村，以紐約臺菜熱炒店聞名的886，攤開菜單一看「滷肉飯」「牛肉捲餅」「臺式椒麻雞堡」，好像跟傳統的臺式熱炒店有點不一樣？就像是其官網上所描述的「正港ㄟ不正宗」。886帶給我的感覺正是如此。把複雜多元文化的臺菜元素，用熱炒店的概念，熱鬧喧囂平易近人、朋友相聚把酒言歡，引薦傳入至大蘋果，讓世界上更多的人們，認識這個臺灣獨有的美食文化。

📍 26 St Marks Pl, New York, NY 10003 | 📞 (646)882-0231 | 🕐 週日～三12:00～22:00(16:00～17:00休息)，週四12:00～23:00(16:00～17:00休息)，週五、六12:00～00:00(16:00～17:00休息)

1.復古紅綠塑膠椅子與餐桌，十足的臺味／2.由左至右分別為：老皮嫩肉、麻醬涼麵、牛肉捲餅

文文 Wenwen

坐落於布魯克林Greenpoint，走的是中高價位的臺菜路線。有別於他們第一間餐廳886的臺式熱炒風，文文更多了那麼一點親朋好友溫馨小聚的成熟與溫暖。開場小菜可試試沙茶蜂蜜鹽酥雞或酥炸嫩豆腐，主食香辣麻醬麵或粒粒分明炒飯都是很不錯的選擇，多人的話可以點墨魚五花肉。他們家每道菜都很適合共享分食。最後記得加點招牌甜品：冰火炸湯圓(內有香菜)，就像小時候吃辦桌宴最喜歡的甜點，用粉紅與白色的湯圓，劃下完美的句點。

📍 1025 Manhattan Ave, Brooklyn, NY 11222 | 📞 (646)901-5644 | 🕐 週二～五11:30～22:00(15:00～17:00休息)，週六、日12:00～22:00(15:00～17:00休息)

1.文文是布魯克林乃至於全紐約的知名熱門餐廳，是紐約潮流新穎臺菜的典型代表／2.不僅食物夠臺夠美味，店內的擺設也充滿臺味。你認得出幾樣懷念的熟悉小物呢

臺灣留學生圈的人氣餐廳

盈城餐館
Win Son

即便是位在布魯克林的安靜巷弄內,連續兩年獲得必比登推薦的盈城餐館,開店前餐廳外頭早已有顧客在等候。盈城餐館把熟悉的臺灣元素用美式料理的風格來呈現,每一口都帶有既熟悉又陌生的驚喜感與令人印象深刻的美味。推薦試試看他們的scallion pancake(蔥油餅)、sloppy bao(刈包)、wu yu zi mian(烏魚子麵)。

📍 159 Graham Ave, Brooklyn, NY11206 | ☎ (347)457-6010 | 🕐 週二～六17:30～23:00,週日～一17:30～22:00

1.下午5點剛開店便已忙進忙出的餐廳工作人員／2.斜對面的臺美混搭糕點店Win Son Bakery也非常值得一訪。他們家的飯糰和蔥油餅三明治是人氣商品

何家麵店
Ho Foods

有沒有適合一個人靜靜享受臺灣美食的餐廳呢?以專賣牛肉麵起家、店面小小一間的何家麵店,是很棒的選擇。他們家的牛肉麵,牛肉質地軟嫩、可以選擇麵條粗細。滷肉飯、涼拌小黃瓜也是每次去必點的料理。

📍 110 E 7th St, New York, NY 10009 | ☎ (347)788-0682 | 🕐 週一、三17:00～22:00,週四、五09:00～22:00(15:00～17:00休息),週六09:30～22:00(15:30～17:00休息),週日09:30～21:00(15:30～17:00休息)

空間非常迷你,是一間溫馨的牛肉麵小店

4間風格各異的
日式拉麵

臺灣人熱愛的日本拉麵，在紐約也吃得到，且不僅僅是吃到得，而且還是道地正宗的美味。與你分享我最喜歡的4間不同風格、各自充滿鮮明個性的紐約日式拉麵名店。儘管可能會大排長龍，但絕對是值得等待的美味！

Menkoi Sato 麵戀佐藤

📍 7 Cornelia St, New York, NY 10014 ｜ 📞 (212)727-1050 ｜ 🕐 週日～四12:00～23:00，週五、六12:00～00:00

我的拉麵私房口袋名單第一名。來自北海道，隱身在曼哈頓西村第六大道旁的正宗日式拉麵。每當週末假日用餐時段，外面一定排滿了人。醬油拉麵是這裡的招牌，以雞肉為湯底燉煮而成，湯頭鮮甜淡雅，留在唇齒間回味再三，是讓人難以忘卻的滋味。也難怪仔細留意的話你會發現，周圍不時會有日本人獨自前來，默默在一旁享受這碗美味的拉麵呢！

1.從門口就能感受到那正統日式拉麵店散發出的自信／2.除了醬油拉麵以外，他們家的沾麵也非常美味

Ichiran 一蘭

📍 132 W 31st St, New York, NY 10001 ｜ 📞 (212)465-0701 ｜ 🕐 週一～四11:00～22:00，週五11:00～23:00，週六、日10:00～23:00

沒錯！在紐約也吃得到一蘭。在紐約有4間分店，兩間在布魯克林、一間在曼哈頓中城31街，另一間在Times Square。Times Square分店常常大排長龍，所以推薦可以前往中城31街的分店。值得一提的是，如果你還不知道的話，他們家的抹茶布丁必點！完全可以為了這個布丁多次回訪。

TabeTomo

📍 131 Avenue A, New York, NY 10009 | 📞 (646)850-6414 | 🕐 週日～四12:00～21:30，週五12:00～22:30，週六12:00～01:00

1.TabeTomo附近有許多酒吧與俱樂部，讓這間拉麵店直到深夜依舊高朋滿座／2.厚片叉燒搭配沾滿濃郁湯頭的粗麵條，再品嘗一口外酥內嫩的日式炸雞塊，TabeTomo是東村的人氣美食

　　二郎系拉麵的紐約代表名店。所謂的二郎系，是指一種源自於東京目黑區的拉麵品系：以豚骨湯頭為基底，添加濃烈的醬油大蒜鹹味，搭配厚實的麵條，最後再上一片片厚切叉燒，是一款充滿強烈個性的重口味拉麵。

　　拉麵菜單非常簡單直觀，只需從基本版、叉燒加量版、或是野菜版中擇一即可。除此之外，上述版本都可以做成沾麵，因此不論是拉麵派或是沾麵派，都可以在這裡得到大大的滿足。

Okiboru House of Tsukemen

📍 117 Orchard St, New York, NY 10002 | 📞 (917)965-2223 | 🕐 週二～五12:00～21:00(15:00～17:00休息)，週六、日12:00～21:00

1.儘管這天紐約下著雨，但依然絲毫不減店外排隊的人潮／2.店內不僅提供沾麵，亦有由雞肉與豚骨共同熬製而成的拉麵(tontori)，也很值得嘗試看看

　　據我所知，他們應該是紐約市第一家主打沾麵(tsukemen)的餐廳。雖然沒有像日本一樣是使用販賣機付錢點餐，不過店家利用QR code點餐付費的模式，異曲同工般地似乎讓人瞬間回到東京。菜單部分，必點的當然就是沾麵，肉片可以選擇豬或雞。雞肉出乎意料地軟嫩，粗麵條緊實彈牙有嚼勁，可以很輕易地吸附由雞肉和魚熬製而成的濃郁湯頭。再擠上一點萊姆，帶出的清爽感恰好平衡掉湯的油膩。有機會來紐約玩的話，請務必試試看這個滋味。店面外經常大排長龍，不過因為翻桌速度滿快的，所以不會需要等太久。

聚餐約會最愛的
日式料理

紐約擁有整個東岸、甚至是全世界除了日本以外，最正宗的日式料理。除了拉麵以外，豬排、居酒屋等等臺灣人十分熱愛的日式美食，你都可以在紐約找到，不僅比在臺灣的日式料理更道地，美味程度甚至一點也不輸給日本國內餐廳。

Tsuru Ton Tan

📍 21 E 16th St, New York, NY 10003 | ☎ (212)989-1000 | 🕐 週日～三12:00～21:30，週四～六12:00～22:00

創始人源自日本香川縣。Tsuru Ton Tan在紐約Union Square的這間店是他們日本海外的第一間店。從烏龍麵、丼飯到壽司等等琳瑯滿目的料理種類，以及獨具特色的碗皿是他們的最大特色。最推薦的當然還是烏龍麵。Happy Hour時段的餐點價格會比平常再便宜$2～3元，不妨可以這個時段前來。

餐點美味價格合理加上地理位置方便，Union Square分店是不少臺灣留學生聚餐的選擇

Katsu-Hama

📍 11 E 47th St, New York, NY 10017 | ☎ (212)758-5909 | 🕐 11:30～21:00

目前吃到紐約最好吃的日式炸豬排。美味程度比一些臺灣的日式炸豬排餐廳更高。黑豚豬排系列是我最推薦的選擇，可以升級套餐成豬肉味噌湯與馬鈴薯沙拉，不過很可惜味噌湯、生菜和白飯不能續。用餐時間經常高朋滿座，建議早點來排隊或是非用餐時段前來早訪。

美味的炸豬排。店內除了日本顧客外，也有許多慕名而來的韓國客人

臺灣留學生圈的人氣餐廳

Izakaya MEW

位在曼哈頓中城35街的地下室，是一間充滿年輕氣息的潮流日式居酒屋。1樓樓梯處看起來沒什麼人，但是一走進地下室就會發現店內排滿了等待入座的人們。

他們家每道菜的分量都不多，但都非常值得一試。菜單和酒單設計美觀賞心悅目，會不定期推出季節限定品項，很適合多人前來嘗試不同的菜色一起享用。最推薦的料理是泡菜奶油烏龍麵(Kimchi Cream Udon)和大蒜炒飯(Garlic Fried Rice)，這兩樣是我每次來必點的美味！

📍 53 W 35th St, New York, NY 10001 | 📞 (646)368-9459 | 🕐 週一～四12:00～21:30(14:15～17:00休息)，週五12:00～22:30(14:15～17:00休息)，週六12:00～22:30(14:15～16:30休息)，週日12:00～21:30(14:15～16:30休息)

1.他們家的菜單充滿日本雜誌感。兼具實用性與設計感的排版令人印象深刻／2.週五傍晚，忙碌用餐時段正在準備出餐的廚房

Benemon

主打丼飯、咖哩與調酒，是一間提供日式療癒美食(comfort food)的日本餐廳。各式各樣的丼飯，像是天婦羅、月見雞肉、南蠻雞、燒肉等等都令人回味無窮。我非常喜歡他們家的鰻魚親子丼(Una-Tama Don)，以及在曼哈頓少見提供完整一片鰻魚的鰻魚丼(Unagi Don)。值得一提的是，店內空間小巧溫馨，燈光氣氛迷人，是一間很適合約會的浪漫小餐館。

📍 108 E 4th St, New York, NY 10003 | 📞 (212)614-3006 | 🕐 週二～六17:00～23:00，週日17:00～22:00 | 休 週一

1.店內有吧檯座位，就算是一個人前來用餐也沒有問題／2.鰻魚親子丼(前)與一整片鰻魚比碗還長的鰻魚丼(後)，是他們家我最推薦的必點菜色

亞洲料理、甜點、酒吧
經典名店

也是亞洲胃的你,在紐約絕對不會感到孤單。只是,紐約的好吃好玩無窮無盡,新的餐廳每年如湧泉般冒出。有哪些餐廳是經得起大蘋果的考驗,長存在一代又一代的紐約留學生心中呢?以下介紹留學生圈常見的人氣餐廳,這些都是已經(或即將)成為經典的名店,絕對值得你一訪。

Cha-an 茶庵

230 E 9th St, New York, NY 10003 | (212)228-8030 | 週四14:00～20:00,週五14:00～21:00,週六 13:00～21:00,週日13:00～19:00,週一15:00～20:00 | 週二、三

超人氣的日式抹茶名店。如踏如竹林般的京都風格裝潢,店家精心準備的道地抹茶,是許多紐約大學臺灣留學生中午上完課、夜晚聚餐後的甜點選擇。個人最喜歡他們家的抹茶帕菲(Matcha Parfait)與抹茶拿鐵;後者推薦可以加價升級,會加上一球抹茶冰淇淋與紅豆(Deluxe版)還有生奶油與黑糖漿(Premium版)。

茶庵是許多紐約臺灣留學生,尤其是NYU學生的共同回憶

Soju Haus

315 5th Ave, New York, NY 10016 | (212)213-2177 | 週日～三17:00～01:00,週四17:00～02:00,週五、六17:00～03:00

顧名思義是一間以燒酒為主打的韓式餐酒館,提供多樣的酒類選擇與韓國下酒佳餚。當你搭乘電梯來到位於2樓的店面,電梯門一打開,你會馬上感受到這間餐廳的魅力。熱鬧的交談聲與橘黃昏暗的工業風氛圍,非常適合一群朋友前來聚餐,一邊享受種類豐富的燒酒雞尾酒,一邊品嘗道地正宗的韓式料理。

位在2樓的Soju Haus,入口在照片中的右下方。第一次進去時我還以為是走錯入口了

Woorijip

📍 12 W 32nd St 5th floor, New York, NY 10001 | 📞 (212)244-1115 | 🕐 週一～三10:00～21:00，週四～六10:00～23:00 | 休 週日

1.坐落在韓國城核心位置，二十多年來屹立不搖，是許多紐約留學生的共同回憶／2.以前有用秤重計價，疫情後全面改為餐盒形式，餐點依然美味

　　2000年開業，是韓國城最樸實無華的人氣美食名店。店名翻譯是「我們的家」，完全反映在菜色上。韓式飯卷、泡菜炒飯、韓式炸雞、韓式雜菜冬粉等等簡單美味的韓國家常料理，一道道當日現做，以實惠的價格將美味料理擺在架上供顧客選購。店內也有販售含酒精類的各種飲料，所以很適合朋友相約於此，在輕鬆的環境裡享用美味的家常菜。

Tomi Jazz

📍 239 E 53rd St, New York, NY 10022 | 📞 (646)497-1254 | 🕐 週日～四17:00～01:00，週五、六17:00～03:00

1.當你排隊終於看到這面招牌時，代表著你即將進入奇幻的地下日式爵士俱樂部／2.店內一側是充滿獨特魅力的吧檯，另一側是現場演奏的爵士樂手們

　　曼哈頓中城非常受歡迎的日式爵士俱樂部。位在地下室的酒吧，昏暗暖黃的燈光，擁擠的座位，彷彿來到了日式小說中的奇幻魔法地下世界。時而浪漫時而活力的現場演奏爵士樂，搭配絲毫不遜色的美味日式料理，是我最推薦的日式爵士酒吧。食物推薦歐姆蕾蛋包飯(Omelet Rice with Demi-Glace)與明太子烏龍拌麵(Stir-Fried Cod Roe udon)，非常美味！

　　他們只能現場排隊，最多只接受5人團體，且熱門時段有兩小時用餐限制。儘管如此，每到週末假日依然大排長龍。除非至少開店前30分鐘就去排隊，否則可能就要做好排隊1個小時以上的心理準備。

Yoon Haeundae Galbi

📍 8 W 36th St, New York, NY 10018 | ☎ (212)69-18078 | 🕐 週一～四11:45～21:30(14:00～17:00休息)，週五、六11:45～21:45，週日11:45～20:30

1.與釜山海雲台的韓屋風格不同，紐約的裝潢是現代設計元素／2.牛肋排是他們家的必點菜色。放在烤盤上的肋排香氣四溢，令人食指大動

發源自釜山海雲臺的人氣美食烤肉。1964年開業於釜山，2025年獲得米其林推薦的海雲臺母牛排骨屋，其創始人的孫子來到紐約後，開設了這間Yoon Haeundae Galbi餐館。繼承其家族的傳統，這間餐廳的招牌菜色，是每日限量的新鮮牛肋排(fresh short rib)以及調味牛肋排(marinated short rib)。

利用他們家獨特的Haeundae cut肉品分切技術，牛肋排同時帶有柔嫩的肉質與微微的嚼勁，令人回味無窮。而調味過後的肋排，甜鹹適中滋味迷人，是回想起來還會讓人垂涎三尺的美味。享受完肉品，記得加點馬鈴薯麵(Potato Noodle)，用吸收飽滿肉汁的麵條，完美收尾今晚的烤肉盛宴。

Double Chicken Please

🔗 doublechickenplease.com | 📍 115 Allen St, New York, NY 10002 | 🕐 週二～四17:00～01:00，週五、六17:00～01:30，週日17:00～00:00 | 休 週一

1.Key Lime Pie，店內的調酒是以開胃菜、主食、甜點作為概念分類，非常有趣／2.Cold Pizza(右)。不只是調酒厲害，他們的食物像是Popcorn Chicken (左)與Chicken Sandwiches也很有特色

原本想把這間酒吧歸類在臺灣人餐廳，但仔細想想，Double Chicken Please的亮點並非只是臺灣人在紐約開設的酒吧而已，他們是在紐約引起話題的世界級時髦酒吧，從空間氛圍渲染、美術風格設計到最重要的調酒品項食物，都超出讓人印象深刻的程度。北美第一名的酒吧絕非浪得虛名。最推薦調酒Cold Pizza與Key Lime Pie，絕對會顛覆你對調酒的想像。

臺灣留學生圈的人氣餐廳 **NY**

美國餐廳小費學問大

小費文化是美國文化的一部分，給服務人員小費，來感謝對方提供良好的服務。因此一般來說，在餐廳用餐若有人服務的話，是一定要給小費的。午餐可能15～18%，晚餐則多半20%起跳，視餐廳和服務人員的品質而定。

除了用餐以外，像是在美容院理髮、搭乘Uber或計程車等，也都是普遍被認為需要給小費的場合。不過以上這些，都是相對簡單直覺的小費情境。但近年來，美國的小費文化似乎變得越來越超乎想像，很多自助式的餐廳、外帶的餐點、甚至是星巴克外帶，也都開始會詢問顧客要不要給小費。

以紐約常見的咖啡廳點餐流程為例：櫃檯點餐，信用卡給店員，店員刷完卡後螢幕轉過來，上面會顯示有3種小費選項：15%、18%、甚至20%起跳；下方是「Custom」自己輸入想要給的小費金額，以及「No tip」不給小費；然後最下方是簽名區。這種情況下要不要給小費呢？要給多少小費呢？每個人心中都有不同的衡量標準。一般來說，如果是咖啡廳或快餐店外帶的話，不給小費是完全可以被接受的；而如果是內用或是

餐廳結帳步驟

上面提到的行動刷卡機畢竟不是多數，目前在美國餐廳中最常見的結帳方式，依然是紙本帳單。以下與你一步步介紹，在美國餐廳吃飯，如何進行桌邊紙本買單。

STEP 1
向服務人員示意要買單

店員會將帳單拿至桌邊，此時記得確認餐點數量與價格是否正確。

STEP 2
將信用卡或現金放帳單上

如果要平分帳單，可在此時放上多張信用卡，店員會詢問是否直接平分帳單(split)。餐廳多半會有信用卡張數的限制，2～3張信用卡平分帳單是最常見的。

點了比較複雜的訂單的話，通常就會需要給小費。

美國小費文化的初衷，是希望能夠表達對服務人員的感謝，我認為這個立意是良善的。而且如果對方提供了超乎預期的服務水準，像是友善細心的態度或是完成特別額外的要求，小費也是一個很好且必須的方式，來感激對方的辛苦。相反地，如果只是單純外帶的話，不給小費是一件相當常見的事。完全不需要因此而感到過意不去，或是擔心背後排隊人潮的目光。

從臺灣模式切換美式結帳法

與臺灣大部分的餐廳很不一樣的是，美國這裡有服務生至桌邊服務的餐廳，絕大部分都是桌邊買單。用餐完後，你可以和服務生眼神示意「Can we have the check, please?」是最常見的禮貌說法。

傳統上，服務生會將紙本帳單拿到桌邊；不過在疫情過後，由於電子錢包更加盛行，也有不少餐廳會直接把行動刷卡機拿到桌邊買單。在確認帳單金額沒有問題後，你可以把信用卡交給店員、或是用電子錢包直接感應，接著店員會把刷卡機給你，你要在店員眼前，選擇給予多少小費並簽名(個人認為這是有點小尷尬的時刻，有些店員會在此時刻意把頭別過去，我覺得很貼心！)

另外一點美國跟臺灣餐廳差異的地方是，有些餐廳(多半是中國或韓國餐廳)用現金結帳，因為不需支付信用卡公司費用，餐點帳單會稍微便宜一些。因此想要省一點錢的話，前往這類餐廳用餐時可以先準備好現金。

STEP 3
拿回信用卡

店員刷完卡後會如圖所示將信用卡還給你。如果是以現金支付的話，店員此時會把找的錢給你。

STEP 4
填寫小費金額

信用卡付款：在帳單(記得是Merchant Copy，不是Customer Copy)上填寫小費金額。帳單裡通常會幫你計算建議小費，有些店家是以稅前金額計算，有些是以稅後(故以此計算的小費會較貴)，這點要留意一下。如圖中餐廳的小費是以稅前計算。計算完總金額後，記得簽名，就大功告成了。

值得一提的是，若是現金支付，你也可以在STEP2時，就把所有的金額包含小費都計算好一次給店員，就可以離開餐廳了。不用像信用卡一來一往，可以節省一點時間。

臺灣留學生圈的人氣餐廳　NY

牛皮紙袋很重要
在美國不能光天化日下喝酒

公開飲酒、手拿啤酒罐可能都會違法

在美國,有一條法律與你我日常生活習習相關,名為「Open Container Laws」:禁止民眾在公共場合飲酒。若違法的話會是刑事犯罪!

值得注意的是,這條法律不是聯邦法而是州法律,因此各州有不同的細節規定。以紐約州為例,除了禁止在公開場合飲酒以外,就算是待在車子內,只要是在公共道路上,乘客也不能飲酒(當然駕駛是無論如何都不能喝酒的),也不能持有開封的酒精飲料。換句話說,行駛在公開道路上的車輛,後座乘客就算只是手持著打開的啤酒罐,這也是違法的。

當然也有例外情況,如果酒精飲品經過重新密封,且擺放在後車廂的話就沒問題;如果車輛是特殊允許乘載10人以上,像是加長型禮車或派對巴士的話,乘客可以持有甚至飲用酒精飲品。

水壺裡面裝的可能不一定是水

「Open Container Laws」是一條很容易不小心觸犯的法律。有一次我與實驗室成員們前往中央公園野餐,當時大家都剛來美國,不熟悉這個規定,打開了幾瓶啤酒,結果馬上被在公園巡邏的警察發現並提出警告。因此,在紐約戶外街頭,你可能會看到有人拿著牛皮紙袋,包裹著酒瓶或啤酒罐;我甚至還看過我朋友把酒精飲品倒入不透明的瓶子內,直接帶出去外面喝。

當然,法律並沒有規定執行上述行為就能夠免於受罰,可以的話,最好還是在家或許可的營業場所內喝酒比較安心。

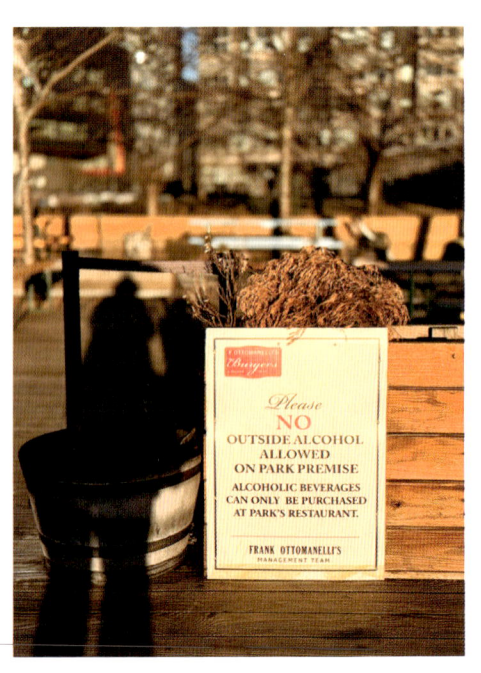

在美國,公開飲酒有許多的限制與規定需要留意

紐約人都在用的外送平台

每到用餐時刻，紐約各大餐廳外頭總是有不少等待領取餐點的外送人員

近年來在紐約，外送非常熱門。尤其疫情過後，許多原本不外送的餐廳也紛紛加入這個行列。如今，你可以輕鬆待在家免排隊，直接享受世界各地的正宗佳餚。這個篇章會與你介紹，美國各大外送平台的差異，以及紐約食客老饕手機裡的必備美食評價與餐廳訂位APP。掌握這些外送平台，紐約美味就在你的彈指之間。

紐約常見的外送平台差異

在眾多外送平台中，UberEats、DoorDash或GrubHub是最常見的。說實話，這些平台都很相似，自家付費會員福利亦雷同：免外送費，餐點不定期會員限定折扣等等。而不同平台之間最大的差異，主要有二：有些餐廳只在特定平台出現，不同平台有各自合作的信用卡優惠。

以UberEats為例，若你持有某些美國運通信用卡的話，可獲得每個月至少$10的Uber Credit福利，UberEats會員會費是

每個月＄10，所以等於美國運通持卡者可獲得免費UberEats會員，除了免外送費以外，還有Uber叫車折扣、高評價司機接送等等優惠。至於DoorDash，若你有大通銀行信用卡的話，有些卡的福利是直接贈送DoorDash會員(數個月到1年，視信用卡等級而定)。

多比較，外送不一定比較貴

不論是哪個平台，使用外送幾乎都會比內用來得貴(不含小費)，但如果搭配外送平台不定期的優惠，諸如買一送一、買大送小、或自己去餐廳取餐，有時候反而會比內用更加划算！不過話又說回來，有些餐廳同樣的菜色，在外送平台上的定價可能會比較高、分量比較少、或是內用有學生折扣但在平台上沒有。因此若要找優惠的話，可能要多多比較。

吃貨必備！
美食評價與餐廳訂位APP

這些實用的美食APP，是熱愛探索美味料理的你，不可或缺的重要工具！

若想要尋找餐廳評價或心得食記，Yelp是美國最常見的美食評鑑平台，上面的評分我覺得都滿準確的。Yelp高分的店家往往都是真的很厲害的餐廳。而如果Yelp跟Google Map有意見相左的時候，我會選擇優先參考Yelp的評價。

至於餐廳訂位，在美國有兩個平台是最受歡迎的，分別是Resy與OpenTable，不同的餐廳會與不同的訂位平台合作，所以推薦兩個都下載(Yelp也有訂位，但合作餐廳數量較少)。個人使用經驗是OpenTable的合作餐廳數量比較多，但時髦新穎的餐廳多半僅出現在Resy上。另外，如果你有某些美國運通(Amex)信用卡的話，你還可以獲得Resy的Amex專屬訂位權限，某些熱門時段僅開放給Amex會員訂位，若餐廳出現空位也會優先通知你。不過Amex高級卡在美國的持卡者眾多，所以我自己在使用上並沒有感受到顯著差異。

最後再推薦一個美食APP：GuideMichelin，它是米其林的官方指南APP，除了可以迅速查詢最新的米其林餐廳以外，你還可以自建清單、加入我的最愛、或是標註已造訪，是米其林摘星族們必備的APP。

紐約留學生喜愛的穿搭風格

紐約是時尚產業的重鎮,也是引領全球流行文化的代表性指標,所有最新最熱門的潮流服飾單品,從日常穿搭、奢華名牌到古著飾品,你都可以在紐約零時差取得。

紐約留學生的日常穿搭

1.運動休閒風是近年來非常熱門的潮流。紐約街頭隨處可見運動棉褲或瑜伽褲的穿搭／2.上述提到的各大服飾品牌，你幾乎都可以在SoHo區找到／3.圖為發源自紐約的人氣潮牌名店Kith

與流行文化畫上等號的紐約，是各大衣服時尚品牌的兵家必爭之地。每個人喜歡的品牌，從最昂貴到最划算、從經典款到潮流款，你都可以在這裡找到。走在紐約街頭，有哪些衣服品牌是大家都在穿、實用百搭、受到紐約人們的喜愛呢？

紐約街頭最流行的服裝品牌

首推我自己很喜歡，衣服設計簡約有質感的Aritzia；以牛仔褲起家，單品百搭實用的Madewell也很受歡迎；在潮流前端，精準掌握當今流行趨勢的Urban Outfitter；以及洗鍊俐落、優雅精緻，一件外衣就讓造型質感大幅升級的COS也非常推薦。

說到流行，不能不提近年在美國極受歡迎的athflow風格（athleisure運動休閒＋flow潮流）。尤其疫情後，運動棉褲、

瑜伽褲這類原本少見的上班穿搭，現在越來越常出現在辦公室中。瑜伽褲的王者，紐約幾乎人手一條的Lululemon；近年來非常熱門、時尚感更強的Alo；還有以男性運動短褲爆紅的Vuori。這些都是紐約人上班上課，常穿常見的實用百搭品牌。

全球流行時尚品牌紐約通通有

另外，很多人喜愛的無印良品MUJI，快時尚品牌Uniqlo、Zara或H&M在紐約當然也有，與臺灣相比甚至更便宜。鞋子方面，經典品牌Nike、Adidas在紐約都有旗艦店，這幾年爆紅的鞋子Hoka、大推真的很舒適好穿的On，也都設有專賣店。應有盡有，任君挑選！

簡約高質感的Aritzia，在紐約是非常熱門的品牌

省錢祕訣！
名牌不一定要花大錢

紐約有沒有哪些地方可以找到便宜的衣服，甚至用出乎意料的折扣價，買到百貨公司等級的名牌衣服呢？位在曼哈頓市中心，分別坐落在第六大道23街以及Union Square的Burlington折扣店，是我心目中尋找名牌折扣商品的首選。店裡面的衣服常常都是至少5折，3折甚至更高優惠的折扣也有可能。

令人不可置信的絕佳優惠

許多知名服飾品牌像是Tommy Hilfiger、Ralph Lauren、U.S. Polo Assn.、Calvin Klein、Michael Kors、Guess、Nike等等都可以在這裡找到。我就曾經用$80買到原價超過$300的Tommy Hilfiger羽絨大衣。為什麼可以這麼便宜呢？主要因為大部分是過季的、外觀良好但顧客退貨的、或是外觀上有一點

小瑕疵的商品。也因此，考量到優惠的折扣價格，大家在逛這間店的時候，可以把對瑕疵的標準稍微降低一點。

紐約折扣店，選購小技巧

這類折扣店的擺放比較雜亂，尺碼也不齊全，甚至有時候標籤寫M但衣服實際是XL，需要花時間來回多次搜尋，才有機會在雜亂的衣物堆中找到自己喜歡的衣服。我曾經在這裡買到一件我很喜歡Nike風衣外套，整間店就只有一件，錯過就沒有，因此如果有看到喜歡的商品，記得先拿在手裡。除了Burlington以外，在紐約類似的折扣店還有Marshalls與T.J. Maxx，有機會的話可以前往這些折扣店，享受尋寶找折扣的樂趣。

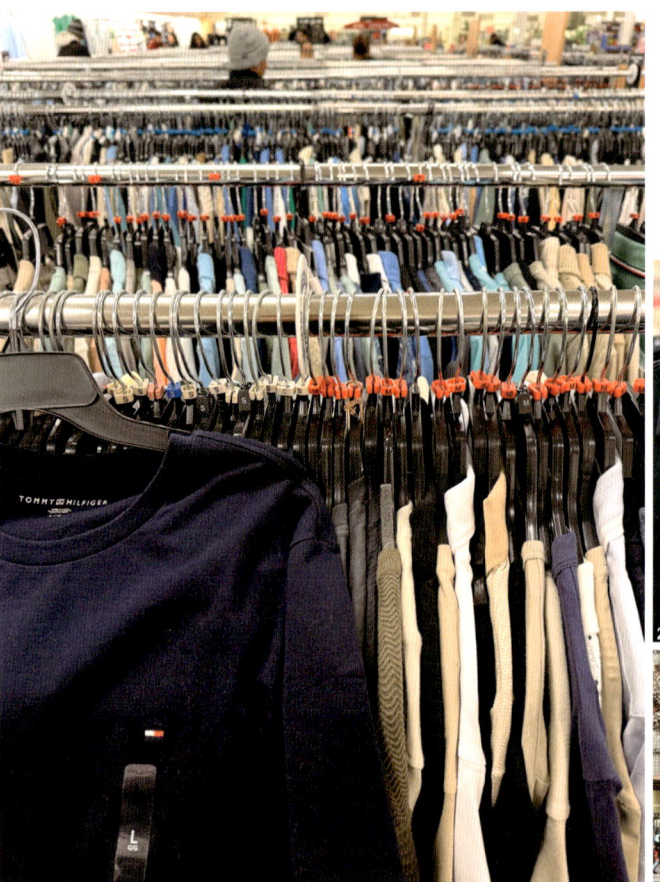

1.店內擺放陳列比較沒有秩序，所以需要花心思仔細尋找。圖中Tommy Hilfiger T恤原價$39.5，折扣後的價格是$14.99，也是至少4折的優惠價格／2.Nine West的睡衣，建議售價是$78，此處才賣$16.99。能夠找到像這樣幾乎低至2折的優惠，是折扣店最大的魅力／3.紐約Burlington。除了名牌服飾外，也有販售包包行李箱、首飾配件、居家用品或化妝品，非常多樣化

古著飾品、二手衣服愛好者的必去市集

1. 位在曼哈頓中城W 25街的Chelsea Flea，地理位置方便，有機會不妨來逛逛吧／2. 二手雜誌與相機！對這類商品有興趣的朋友千萬不要錯過／3. 除了二手衣服以外，各種藝術品與文物，也是逛跳蚤市場時不能錯過的焦點

Chelsea Flea
29 W 25th St, New York, NY 10010(在第六大道與Broadway之間) | 週六、日08：00～17：00

Brooklyn Flea
80 Pearl St, Brooklyn, NY 11201(就在曼哈頓大橋橋墩旁) | 4～12月的週末10：00～17：00

古著商店、二手衣服或跳蚤市場，也是很多紐約人假日尋寶探索、找便宜折扣的好去處。源自日本，現在在全美各地都有分店的2nd Street，在紐約就有許多分店。其中位在SoHo、Lower East Side以及布魯克林DUMBO的店面，更是推薦值得一逛的商店。可以親身感受這些地區紐約人們的穿衣品味與風格差異。

紐約最多人前往的跳蚤市場，分別是位在中城麥迪遜廣場公園附近的Chelsea Flea，以及位在布魯克林DUMBO的Brooklyn Flea。值得注意的是，儘管攤販大部分都可接受信用卡或行動支付，但逛跳蚤市場時，身上可以準備一點現金，因為若想要討價還價的話，用現金支付有時候會有更好的折扣。

紐約留學生喜愛的穿搭風格

留學生必備行程 暢貨中心採購

📍 498 Red Apple Ct, Central Valley, NY 10917 | 📞 (845)928-4000 | 🕐 週一～四10:00～20:00，週五～日10:00～21:00

Woodbury Common Premium Outlets(簡稱Woodbury)，距離紐約市車程1小時，是紐約近郊最有名、也是最好逛的暢貨中心。進駐了超過250個品牌，包括Dior、Gucci、Bottega Veneta、Prada、Balenciaga、Saint Laurent、Burberry、Coach、Tory Burch等等知名奢華品牌。除此之外，紐約人熱愛的冬日保暖大衣品牌Moncler、Columbia，或The North Face也都在這裡設有專賣店。因此Woodbury是許多紐約留學生，剛來紐約第一年，在進入冬天之前採買大衣外套的必逛必備行程。

除了自行開車前往，最常見的方式就是搭乘巴士了，底下一步步帶你安排Woodbury購物之旅！

巴士	Coach USA/Shortline	Woodbury Bus
車票價格	來回約 $41.6	來回約 $45
最早出發時間 *	08:30	08:30
市區上車地點	Port Authority Bus Terminal (W 42 街第八大道)	810 8th Ave (W 49街與50街之間)
最晚回程時間 *	週五、六：21:15 週日：20:30 週一～四：20:15	19:30

＊以實際公告時間為主。製表人／紐約生

Outlet 行前準備步驟

STEP 1
提前預訂巴士

目前主要有兩種選擇，分別是Coach USA/Shortline或Woodbury Bus。差別在於去程在市區的上車地點不同，以及回程的時間差異。不論選哪一種，建議提前買好票，確保去回程都有位置。

STEP 2
準備Outlet地圖，安排購物行程

Woodbury占地廣大店家眾多，不可能一天內逛完。記得要預先安排好要去哪間店，先把地圖印出來，圈選標記位置安排路線流程，是最有效率的做法。省去迷路和找路的過程，把寶貴的時間花在購物和比價上面。以下是官方地圖。
🔗 www.premiumoutlets.com/outlet/woodbury-common/map/#/

STEP 3
查詢並存下折價券

這一步要和第二步同時進行。官網上面會有各店家最新的折扣券，記得出發前，要把有興趣的店家折價券存下來。
🔗 www.premiumoutlets.com/outlet/woodbury-common/deals

1.Woodbury占地廣闊且有不能錯過回程巴士的時間壓力，因此務必要先安排好購物路線，最大化時間效率／2.Woodbury店家多為單獨一棟的形式，彼此間不連通，因此會有頻繁進出室內室外的需要

STEP 4
多方比價

有時間的話可以先針對有興趣的商品進行比價，查詢其在一般商店的價格。因為雖然是標榜是outlet，但有些商品的折扣其實也還好，跟外面商店賣的價格差不多。

STEP 5
準備好一咖行李箱

大包小包的商品還要搭巴士扛回去其實很累，而且也容易用丟。如果可以的話，帶一個空的行李箱，把戰利品通通放在裡面，會方便很多！

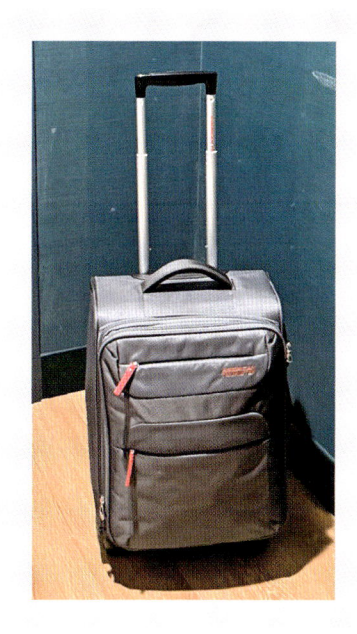

紐約留學生喜愛的穿搭風格 **NY**

紐約冬夏穿搭指南

1.手套、圍巾、發熱衣與發熱褲,是在紐約冬天的禦寒好幫手／2.黑色是紐約人冬天的制服配色。冬天在地鐵站或地鐵車廂內,幾乎所有人都是穿著黑色或深色系外套大衣／3.有手扶梯的紐約地鐵站是少數,因此走樓梯爬上爬下,是紐約人的通勤日常

炙熱的高溫與來自極地的暴風雪,風和日麗的早晨與午後的雷陣雨。打開紐約人的衣櫃,你可能會訝異各式服裝的顯著差異與經緯跨度,從零下20度橫跨到30度,從黑色羽絨大衣到彩色碎花洋裝。如何適應紐約氣候搭配合適的衣服呢?

冬季紐約穿搭:黑色系

有了足以抵禦紐約寒冬的衣物後,日常生活中要如何搭配呢?紐約人們的冬天都是如何穿搭呢?一字以蔽之:黑。

冬日在地鐵車廂內,一眼望去,幾乎所有人都是穿著一身黑或深色打扮。為什麼紐約人冬天這麼愛穿黑色呢?有人認為,黑色跟紐約的冬天氣氛很搭,灰色鋼筋水泥構築的高樓大廈,深沉低色調的環境。同樣的冬日黑色穿搭,在風光明媚的洛杉

礎可能就不大適合。

實用性上面，臺灣冬天常見的洋蔥式穿法，在紐約反而很不適合。因為在紐約，冬天的室內都有很強的暖氣，其實非常悶熱；再加上在紐約通勤需要走很多路，地鐵站內爬上爬下，公車裡面擠來擠去。所以洋蔥式的穿法，會讓你在進出室內室外、搭乘交通工具時，容易出汗且穿脫非常麻煩。事實上，紐約人們最常見的冬日禦寒穿搭法是：外面搭一件厚重保暖的羽絨大衣，加上容易穿脫的圍巾、毛帽和手套，裡面簡單一件毛衣或襯衫。如果真的很冷的話，最裡面再加一件發熱衣或發熱褲，這樣的組合是最適合紐約的冬日穿搭。

禦寒衣物大盤點！冬日出門必備單品

前面分享了紐約留學生常見的平日穿搭，也提到了最適合紐約通勤的冬日禦寒套裝，是簡單的衣物搭配一件厚重保暖的羽絨大衣。有哪些衣服品牌是受到紐約人們的歡迎，既可以抵禦紐約零下十幾度的寒冬，也可以符合紐約人穿梭於都市大街小巷的通勤模式呢？從戶外品牌Columbia、Patagonia、The North Face到知名的Canada Goose和Moncler的羽絨衣(後兩者的羽絨大衣甚至有時被戲稱為紐約人的冬天制服)，都是受到紐約人愛戴，在路上很常見的冬日衣著品牌。

小小單品，大大保暖

除此之外，大家熟悉的Uniqlo或無印良品MUJI，也都是紐約人們買冬天厚外套的常見選項。除了厚外套大衣以外，手套、圍巾、發熱衣、發熱褲，這些也都是紐約冬天必備。特別是毛帽和保暖耳罩，在臺灣可能不一定需要，但到了下雪天寒風刺骨的紐約，這兩項真的必備。尤其如果公寓居住靠近河邊的話，毛帽和耳罩會讓你早晚出門通勤時的保暖度有感升級。

夏日紐約穿搭：多彩繽紛

住在紐約的另一個好處是：紐約有四季，而且是非常顯著的差異，冬季會下雪甚至到攝氏零下十幾度，而夏季的氣溫可能高達三十幾度，炎熱程度絲毫不亞於台北。因此，在炎炎夏日中，寬鬆舒適、帶有透氣涼爽的衣服、搭配簡單俐落的短

褲或裙子，就是紐約人們盛夏穿搭的常見首選。我個人很推薦Uniqlo的涼感衣，通風透氣，很適合需常常步行的紐約，也有多種顏色選擇，是拿來作為打底內搭的好選擇。

顏色方面，告別了冬天，也告別了黑色，紐約人們衣櫃裡各種亮色系的衣服紛紛開始綻放光彩，萬年不敗款的白色T恤襯衫與白色球鞋、五彩繽紛的印花寬鬆長洋裝、充滿個性強烈色彩的寬褲或牛仔褲。走在夏日的紐約街頭，彷彿就像是走在時尚雜誌的海報裡，迎面而來的紐約人們，穿搭俐落有自信，盡情表現自己的色彩，全身上下都散發著一股強大氣場的都會潮流時髦感。

什麼是 statement piece？

利用statement piece來完成穿搭，是在美國很常見的穿衣技巧。statement piece可以是搭配洋裝的項鍊耳環，也可以是搭配白襯衫的鮮豔裙子。它不一定要吸睛，有時也是低調的存在，進而突顯出整體的完成度。有機會不妨試試搭配屬於你的statement pieces吧！

1.亮色系衣服搭配輕薄的襯衫或外套，是夏日紐約街頭常見的穿搭／2.曼哈頓下東區。冬天前腳才離開，紐約人們已經迫不及待褪去黑色羽絨大衣，換上豐富多彩的春夏穿搭

洗衣服

在外面生活，可以瞬間感受到自己真的成為大人了，洗衣服應該是其中一項。初來乍到紐約，哪些地方可以洗衣服？有什麼不同的差異？該如何儲值操作洗衣機？以下會一步步帶你解答這些疑惑。

洗衣機、洗衣房優缺點分析

在紐約生活，一般來說會有3種地方可以洗衣服。1.在自己家裡就有的洗衣機和烘衣機(in-unit washer/dryer)；2.在大樓內，公寓居民共用的洗衣房(laundry room in apartment)；3.在公寓外面的自助洗衣店(laundromat)，這三種各有優缺點：

1. 在自己家裡洗衣服：優點很明顯，方便省時且較沒有衛生擔憂，缺點是通常這類型的房租會比較貴，且需考慮到洗烘衣機的電費。

2. 大樓居民共用的洗衣房：優點是房租可能較便宜，但缺點是需與其他人共用，而且有時候機器滿了需要排隊等候。請注意：通常最熱門的洗衣時段是週末下午，若不想要排隊的話可以避開這個時段。

自家裡面有洗烘衣機。絕對是最方便、最安心的洗衣方式

共用洗衣房，洗衣機操作步驟

STEP 1
確認洗衣房的付費方式

不論是公寓大樓內共用的洗衣房，還是外面的自助洗衣店，記得先確認好付費方式是什麼。一般來說，需要購買洗衣卡並儲值金額使用。

STEP 2
取得洗衣卡並加值金額

可以在類似照片上的機器，購買新的洗衣卡或儲值金額。取決於不同的洗衣房，每台機器略有不同，有些只收現金、有些只收信用卡，這點要特別留意。

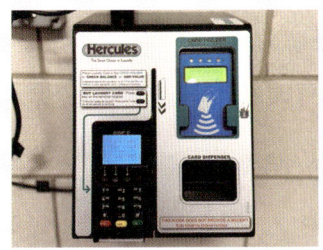

STEP 3
放入衣服與洗衣劑，並選擇洗衣方式

將衣物放進洗衣機後，加入洗衣劑或洗衣膠囊，感應洗衣卡，選擇洗衣服的方式(通常我會加選Extra rinse)，按下Start即可。

紐約留學生喜愛的穿搭風格

3. 在外面街道的自助洗衣店：儘管不含洗烘衣機的公寓房租會更加便宜，但個人建議，不要輕忽把衣服扛到外面自助洗衣店這個過程的難度。尤其在紐約，冬天既寒冷又下雪，除非這間洗衣店真的很近就在公寓樓下，或者房租實在是很便宜，否則建議優先考慮前二者洗衣選擇。

最後，值得一提的是，在紐約有一些公寓，同一棟大樓內有兩種不同的洗衣方式——住在高樓層的住戶，自家屋內有自己的洗烘衣機；而在低樓層的住戶，則是必須要共用同一個洗衣房。儘管這個狀況比較少見，但大家在找房子評估洗衣方式時，還是要留意一下。

1.大樓內居民共用的洗衣房。通常來說學校的宿舍多半都是這種洗衣方式。若能夠避開尖峰使用時段的話，其實並沒有想像中的不方便／2.外面店家的洗衣店。雖然一樣可能需要排隊等機器，但多了一段扛著衣服走在戶外的過程。若不在意的話，選擇不含洗衣房的公寓，是一個很好的省房租方法

STEP 4
將衣物移至烘衣機，並選擇烘衣方式

洗衣完成後就是烘衣了。可依照衣物的類型選擇低、中、高溫。按下Start前記得要放去靜電紙！我有一次忘記放，拿出衣服時被電得唭哩嘩啦。

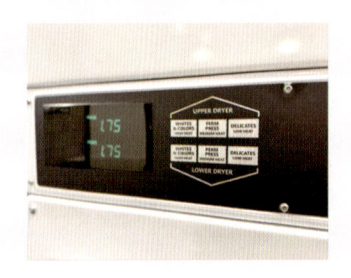

需要乾洗？在紐約的乾洗價格

羽絨大衣或精緻的衣物，一般不建議放進洗衣機清洗，那送去外面清洗會不會很貴呢？在紐約，乾洗價格最基本的襯衫一件大約是$10左右，越複雜的衣物越貴。而除了乾洗以外，店家們多半也會提供一般洗衣的服務(wash and fold)，以秤重計價，大約一磅$2左右。

住 — 找房子，找室友

Housing

　　臺灣留學生初來乍到紐約時，除了曼哈頓以外，有許多人也會考慮曼哈頓以外的地區。所以在這個篇章內會特別介紹受到臺灣留學生們的喜愛，曼哈頓以外的熱門租屋區域與預算。希望能夠讓大家在尋找房子時有更多的選擇之外，也可以對紐約整體的區域有更多的認識與了解。

臺灣人在紐約常見的租屋管道

紐約的租屋市場是全世界最活躍的區域之一。儘管這裡有許多租屋管道,但以初來乍到的臺灣人來說,建議可先從熟悉的語言開始找房子。在紐約中文留學生圈子內,臉書社團是最活躍、資訊最快、在地人最常使用的租屋管道,像是紐約地區各校的臺灣學生社團、臺灣人社團、或是專門分享租屋消息的群組,大家在確定來紐約後可加入這些社團,方便隨時收到最新的租屋資訊、尋找可能的室友。另外,PTT或Dcard留學版也會有一些租屋資訊,大多是人還在臺灣的準留學生,因此有機會可以找到同樣準備來紐約找房子的潛在室友。

上述建議是針對給來紐約念碩士的留學生,原因在於,紐約的學校大部分都不提供學校宿舍(或學校簽約的公寓)給碩士生。就算有,名額也非常有限,且只能居住1～2年就必須搬離。

若是來念博士的話,學校一定會提供宿舍且會補助房租,所以我會推薦直接住學校宿舍即可。若是因為任何因素想要住外面,我還是會建議第一年先選擇學校宿舍。因為剛來紐約有非常多事情要處理,直接住學校宿舍省錢省時省心力。待之後熟悉了這裡的生活環境,知道自己喜歡哪些社區環境後再搬出去也不遲。

紐約大學醫學院的其中一棟博士學生宿舍。雖然是兩個人共用廚房與浴室,但彼此都有各自的房間,具有相當程度的隱私

紐約公寓房間，格局名稱大解析

紐約的租屋市場不僅活躍，而且十分地特別。由於高昂的租金與龐大的租屋需求，因此造就了一些特殊的景象或房間格局。以下跟你介紹，剛來紐約的留學生在一開始找房子時，一定要知道的名詞術語。

如何選擇適合的紐約房型

首先是studio，指的是臥室、客廳和廚房通通連在一起，彼此沒有隔間，但會附有一間獨立浴室的房型。由於沒有隔間也沒有任何隱私，是最適合一個人或夫妻情侶一起住的類型。

1 bedroom的房型，則是指有一間獨立隔間的臥室，再加上廚房和客廳公共空間，以及一間獨立的衛浴。這個房型通常是一個人或夫妻情侶想要有更好的生活品質時的選擇。

上面是一間臥室的情形，當一間公寓有更多臥室時，你可能會看到2b2b或3b2b這樣的術語，第一個b指的是臥室(bedroom)，第二個b指的是浴室(bathroom)。換句話說，3b2b指的是這間公寓有3間臥室和2間浴室。以3b2b的房型來說，通常其中一間臥室會是主臥，其他兩間則是次臥。主臥裡面會有一間自己的浴室，所以剩下兩間次臥就需要共用另一間浴室。因為主臥獨享一間浴室，所以即便是住在同一間公寓，且與次臥共用同一個廚房和客廳，住主臥的房客通常需要分攤較高的房租。

紐約公寓的租屋特色：想省錢住客廳房

由於紐約寸土寸金，有一些租客甚至會把原本不住人的客廳也出租住人，多增加一位房客來分擔公寓的租金。但是客廳要怎麼住人呢？最簡單的方法就是利用書櫃、衣櫃或屏風隔出一個空間來住人。另外也有人會請師傅來施工，做出一道木牆和門，把客廳變成像是真的房間一樣。

而這種假的牆還有再分兩種，一種是直接做到天花板不留縫

隙，外觀就像是真的牆一般；另一種則是僅做到一定的高度，牆與天花板之間留有空隙的隔間。由於住客廳的房客需要分攤的房租比較低，外觀上也與真的房間無異，再加上通常客廳都會有大片的窗戶與優美的景觀，因此客廳的隔間房，是不少想省錢、又想體驗紐約豪華公寓生活的人的好選擇。

當然客廳房的壞處也顯而易見，畢竟不是真正的牆，所以隔音會很差，隱私也不夠。再加上通常客廳都緊鄰廚房，所以只要有人煮飯，房間裡很容易充滿油煙味。這一點必須要先有心理準備。

極致的省錢法：
住客廳，加上多位室友分攤租金

紐約的省錢租屋方法，除了尋找客廳房以外，多找幾位室友一起分擔房租也是一個常見的選擇。我剛來紐約時，曾經住過一種3b1.5b的房型！即3間臥室(1個主臥和2個次臥)和1.5間浴室(1個浴室，和0.5是主臥裡沒有衛浴設施的廁所)。在這個3間臥室的公寓裡，兩個次臥各住一位房客，主臥住一對情侶，然後客廳又再隔出來住一位房客，所以這間公寓總一共住了5個人！然後5個人共用一間浴室……儘管每天早上要排隊用浴室，但分攤下來的房租真的非常便宜。

1.可能很難想像，但眼前這個房間是客廳隔出來的！有實際的門和連到天花板的牆，這樣的客廳房是很值得考慮的選擇／2.有時會與室友同時使用廚房，下班下課後煮飯時聊聊天，分享今天發生什麼事，抒發彼此的心情，是很棒的時刻

推薦留學生租屋區域，
房租價格預算指南

熟悉了房型，接下來最重要的，就是去認識紐約各個熱門租屋區域。這裡我把留學生常見的居住社區，依照搭乘地鐵進曼哈頓需花費的時間，分為三大區域。第一區：曼哈頓；第二區：曼哈頓周圍，地鐵約20～30分鐘內可進曼哈頓；第三區：需30分鐘以上才能進城。值得注意的是，這裡需花費的時間指的是「平日白天地鐵正常運行狀態下的時間」。若遇到週末深夜或地鐵維修的話，時間可能要再乘上1.5倍甚至更多。

影響紐約房租的關鍵因素

影響紐約房租的因素非常多，我們先固定一個變因來討論。以留學生最常見的租屋狀況來說，有1～2位室友的條件下，上述劃分的三大區域，每個月的房租價格大約如下：第一區2,000元以上；第二區則是落在1,500～2,000元左右；第三區1,200～1,500元。

當然這些數字只是概略，詳細的金額還會受到各種條件影響而增減──公寓的位置在哪？新大樓還是舊公寓？多少位室友？客廳有沒有隔斷？衛浴是自己獨享還是與室友共用？公寓內有無洗烘衣機？大樓內有管理員(doorman)專人收包裹？這些都是影響紐約房租的重要指標。

紐約留學生常見的幾個居住區域。基本上來說，房租大約是以曼哈頓為中心，越接近曼哈頓價格越貴，反之則越便宜

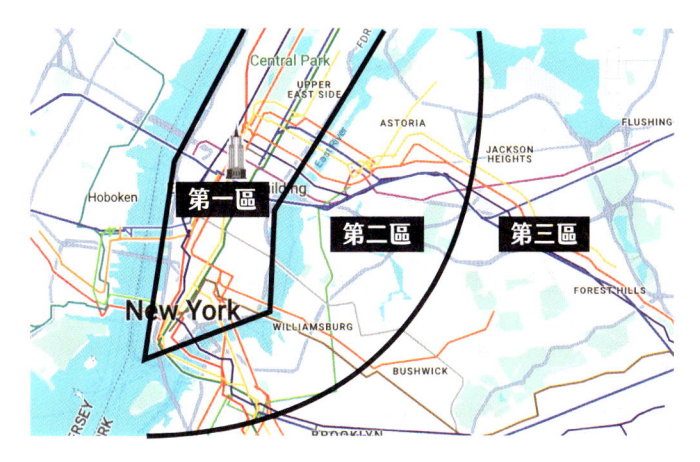

詳細解析！
最推薦給留學生的五個曼哈頓周邊社區

若選擇住第一區(曼哈頓)的話，建議直接以安全、通勤來做考量。若選擇第二或第三區的話，由於這些區域彼此差異甚大，因此我整理出了「五個推薦留學生的租屋區域」，他們都是治安良好、生活機能佳、長年受到紐約臺灣人青睞的社區，分別具有各自的通勤特色與缺點，以下與你詳細介紹。

羅斯福島(Roosevelt Island)

曼哈頓的世外桃源。環境優美、清幽靜謐，可以說是全紐約市最安全的社區。我在這裡住了將近3年，遇到過許多年長紐約人選擇此處作為退休養老的居所。河岸第一排，離塵不離城，是羅斯福島最大的優點。

最大的缺點是這裡只有一條地鐵橘線(F或M)經過，且週末深夜可能不會停此站。不過由於羅斯福島有多種聯外交通，包括陸(地鐵)、海(渡輪)、空(纜車)可以進曼哈頓，所以若你上班上課地點是在橘線車站、渡輪碼頭或纜車站附近的話，羅斯福島會是一個相當不錯的選擇。

長島市(Long Island City)

高級豪華公寓林立、飽覽曼哈頓天際線的河濱公園綠地、地鐵一站進城且匯集多條路線的便利性——長島市可以說是許多臺灣留學生的紐約租屋首選。我剛來紐約時，多數臺灣同學都是居住在此。而近年來，亞裔移民在長島市的人口大幅成長，許多亞洲餐廳、超市和雜貨店紛紛進駐，更是讓居住在此的生活更加方便。

1.羅斯福島最有名的就是每年的櫻花季。住在這裡，春天能夠享受櫻花、秋天就近欣賞落葉。以曼哈頓摩天高樓為背景的盛開櫻花，是只有羅斯福島才看得到的獨家美景／2.長島市緊鄰曼哈頓，坐擁欣賞城市景觀的完美位置。沿著河岸而建的大片公園綠地，更是週末假日出門跑步、帶小孩玩、運動遛狗的絕佳地點

然而，這些優點也造就了此區最大的缺點：房租高昂。不過，若能找到多位室友甚至客廳住人的話，仍有機會以可負擔的房租入住高級新穎的公寓，享受像是游泳池、健身房、交誼廳、電影院、頂樓BBQ等豪華設施。

阿斯托里亞(Astoria)

早年以希臘移民為主，之後隨著歐洲各國移民陸續遷入，阿斯托里亞是紐約最知名的多元文化社區之一。除了擁有眾多道地美味的希臘海鮮料理外，世界美食餐館酒吧匯聚，地鐵渡輪交通方便鄰近曼哈頓，再加上完善的生活機能，這些都是此區迷人的居住魅力。

阿斯托里亞的缺點，對剛來的留學生來說，此處能租到的房屋可能多半為無電梯的公寓(walk-up apartment)。除了每天爬上爬下買菜扛東西很累以外，有些公寓可能沒有洗烘衣機，必須把衣物帶去外面洗。若在意這點的人請務必斟酌考量。

雷哥公園(Rego Park)和森林小丘(Forest Hills)

皇后區內有名的優質社區。各國超市、美食餐廳、百貨公司、電影院、大賣場應有盡有。長期以來，這兩區居住著許多猶太裔居民，也有不少亞裔移民與臺灣家庭選擇在此落地生根。在森林小丘車站的南邊，綠意盎然的街道、獨棟別墅與花園草坪，我每次來都會感到不可思議，很難想像在紐約市裡也有這樣彷彿歐洲小鎮般的美麗環境。

這兩區的缺點是，距離曼哈頓較遠，若每日通勤，或進城後還要再轉車的話會耗費不少時間。因此建議上班上課地點在E、F、M、R線附近，或不需每天進辦公室的人再考慮此區。

1.森林小丘車站周邊環境優美，是非常有名的優質住宅區／2.阿斯托里亞是非常宜人居住的社區。治安良好，各式各樣的餐廳與酒吧是這區最大的特色

澤西市市中心(Downtown Jersey City)、新港(Newport)和霍博肯(Hoboken)

他們不是紐約，而是屬於紐澤西(New Jersey)。但因緊鄰曼哈頓，所以也常被視為紐約都會區的一部分。環境乾淨，街道整齊，夜晚沿著哈德遜河(Hudson River)河邊散步慢跑，近距離享受曼哈頓美景，是此區最大的魅力。新港附近眾多的豪華公寓，更是不少臺灣留學生初來乍到的選擇。

然而，這幾區有一個最大的缺點：進曼哈頓只有一條地鐵(稱作PATH，專門連接紐澤西與紐約兩端的地鐵)。PATH與紐約地鐵是完全不同的系統，不同的月台，不同的地鐵卡，兩者之間亦沒有任何轉乘優惠。平日通勤還好，週末深夜回家，交通絕對不比住在紐約方便。同等級的豪華公寓，我有很多朋友寧願選擇較貴的長島市也完全不考慮這裡。正是因為住在紐澤西，週末夜生活會受到極大的限制。

更多的曼哈頓周圍推薦魅力社區

除了上述五個推薦給留學生的租屋區域外，曼哈頓周邊還有許多充滿獨特風情的社區——布魯克林下城(Downtown Brooklyn)、公園坡(Park Slope)、綠點區(Greenpoint)等——適合給有較高預算考量，或想要體驗紐約多元魅力的朋友！這些社區的詳細介紹已發布在我的網站上，想要了解更多曼哈頓租屋環境的話，掃描下方QR Code前往閱讀。

曼哈頓周邊社區更多推薦

1.威廉斯堡的街道上，隨處可以看到充滿個性的塗鴉與創作。各種特色小店與時尚大牌都有在這裡設點。走在路上，似乎空氣中都瀰漫著一股時尚潮流的氣息／2.河岸第一排。布魯克林高地是一個清幽靜謐，又能享受都市生活的住宅區。另外，布魯克林人還擁有一件曼哈頓居民永遠做不到的事——欣賞曼哈頓的絕美天際線

租屋簽約前
必詢問、注意的幾件事

了解了紐約租屋的常見名詞術語，也認識了紐約留學生之間熱門的租屋區域後，下一步就是開始尋找房子物件與室友了。

▍列出租屋條件的喜好順序

關於找房子物件，先依照前面介紹劃分的3個區域，選擇自己喜歡的區域與可接受的通勤時間。接下來，根據自己的預算與看重的條件，排序出自己心目中房屋條件的優先順序。哪些是優先順序高的？哪些是優先順序低的？舉例來說，有些人可能想要洗衣烘衣機一定要在公寓內，但可以接受與室友共用衛浴；有些人可以接受客廳住人，但自己一定要住在主臥有獨立的衛浴。對你來說，哪些是必要？哪些是想要？這樣加加減減以後，你就可以在一個合理的房租範圍內，找到自己有興趣的物件。

▍房租以外的開銷：電、暖氣、瓦斯和網路

鎖定幾個喜歡的物件後，還要留意房租以外，每個月的水電網路開銷是如何計算的。以紐約市來說，水費是一定會包含在房租內的；暖氣、瓦斯和熱水費，通常來說也都會包含在房租內；電費和網路費一般來說都不會包含在房租內。這些費用長期累積起來也會是一筆不小的金額，所以大家在選擇租屋時，也必須要注意到這一點。

▍看房時必詢問、必檢查的事項

就跟在臺灣一樣，建議大家一定要到現場看過房子後再做出決定。在與房東或公寓管理公司交涉時，記得要詢問或檢查以下這些事項：如果有房東的話，房東是否平常住在同一間公寓？房東會是共用空間還是住在不同的樓層？如果水電有問題的話該找誰？有緊急狀況的話該如何聯絡？如何倒垃圾？是放

置在房屋外面的垃圾集中箱?還是公寓內有專門的垃圾滑梯(garbage chute)?資源回收該如何處理?浴室廚房的水壓是否足夠?樓層牆壁間的隔音如何?

好的室友很重要,讓留學過程更加順利

最後想要強調,好室友的重要性,絲毫不亞於好的房屋。能夠與彼此互相尊重、生活習慣合得來的室友一起生活,絕對能讓留學過程更加順利,彼此甚至能夠成為未來一生的好友。

在找室友時,有幾件事情一定要先確認好:是否不菸不酒?是否可以偶爾小酌?平常家裡是否會開派對?可否帶朋友回來過夜?可接受的頻率次數是?室友們的生活作息?早出晚歸還是大部分時間在家?家裡公共區域的打掃如何分配?一開始問得越細越清楚,就可以減少未來不必要的誤解與困擾。

使用犯罪地圖查詢紐約各區治安

治安好壞,絕對是選擇居住地點最重要的考量。以下與你分享兩個網站可以幫助你迅速認識紐約各區域的治安狀況。

NYPD:這是紐約市警察局的官方資料,上面非常詳細地記載了所有犯罪的類型、案件數量與各式各樣的統計資料。左側是犯罪類型,有過去1週內、過去28天內以及過去1年內的資料;以及去年同期的數字,可以看出變化的趨勢。中間是犯罪地點。右邊是圖像化的資料,你可以查詢到此類犯罪類型的趨勢,資料詳細到可以得知每個小時的犯罪次數。是一個非常實用的資訊網站。

http compstat.nypdonline.org

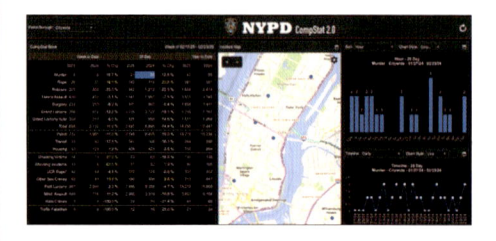

Crime Map:NYPD的資料很詳細,不過該網站著重在犯罪的類型與犯罪的趨勢。Crime Map則是把NYPD的資料圖像化,將治安好壞直接呈現在地圖上——點選最右邊的Legend,可以看到紐約各地的犯罪次數(圈圈越大犯罪次數越多),以及各分局轄區內的犯罪率(顏色越深犯罪率越高)。接著可以再點選右側的Filter,篩選犯罪的類型與時間年月。對於找房子而言,這個網站很有幫助。

http reurl.cc/Z4MRQa

社交

在新城市建立
新友誼圈

Mingling

結交新朋友，這大概是初來乍到新環境時，最讓人感到複雜的情感了，徬徨不安交織著滿心期待。來自世界各地不同背景、來到紐約這顆大蘋果追求自己夢想的人們，如何在這座新的城市，認識新的朋友，拓展自己的交友圈呢？

在新城市建立新友誼圈　**NY**　│　173

從日常生活一步步開始

1. Taiwanese Waves中央公園夏日音樂季，是紐約臺灣人們的年度盛事／2. Passport to Taiwan紐約臺灣文化節每年活動總是非常熱鬧。這次活動，北港朝天宮媽祖甚至首次出巡繞境至紐約，現場香火鼎盛、人潮絡繹不絕／3. 實驗室或公司不定期舉辦的happy hour活動，是很棒的機會可以拓展交友圈。但請記得若社交電池用完了，隨時都可以離開，不需要給自己壓力去認識別人

不論是來紐約工作或是求學，公司或學校一定都會定期舉辦各種社交活動。例如每週的happy hour、coffee chat、每年的holiday party；或是不同性質社團舉辦的聚會，像是國際學生舉辦的的文化交流聚會、亞洲學生舉辦的農曆新年慶祝活動等等。都是非常好的機會，可以認識不同專業領域、不同文化背景的人。尤其如果有進實驗室的話，每天在實驗室朝夕相處，同一間實驗室或是同一個樓層，每天都有很多機會可以讓彼此迅速熟識起來。

分享一個簡單實用的小技巧：每天主動跟同事打招呼，週一早上的固定問句「How was your weekend?」，週五早上(甚至有人週四就開始了)的固定問句「Any plan for the weekend?」這些開放式的問題，對方沒興趣的話就會禮貌性帶過，有興趣的話就會展開更多的對話。於是下次碰到面時，又可以有更多

的話題可以聊，例如：上週你說的那家餐廳結果怎麼樣？所以某某城市旅遊好玩嗎？讓對方感受到你是真正在關心對方，久而久之自然就會成為朋友。

找到屬於你自己的社交圈

大紐約都會區有非常多臺灣人社團，每年都會舉辦各種活動，凝聚海外臺灣人，同時也讓世界更加認識臺灣。而與紐約臺灣人最密切的駐紐約台北經濟文化辦事處，時常會舉辦各式各樣推廣臺灣印象的活動，例如每年在皇后區植物園(Queens Botanical Garden)舉行的臺灣蘭花展、每年在聯合國大會期間，不遺餘力推廣臺灣在國際社會的重要性。除此之外，紐約各大學校的臺灣人社團，也會定期舉辦多采多姿的社交活動，包括新生迎新、中秋烤肉或慶祝農曆年，這些都是很好的機會能夠認識新朋友。

而說到紐約臺灣人，就不能不提紐約臺灣社群每年最大的盛事——春末夏初在Union Square舉行的Passport to Taiwan。這是臺灣人的文化慶典，現場設有眾多臺灣美食攤位與文化體驗活動。每年我參加這個活動，就像是瞬間回到臺灣一樣，不僅可以品嚐各式臺灣佳餚，也可以認識(或再相遇)許多同在異鄉打拼的臺灣人。

如果說Passport to Taiwan是紐約臺灣人的文化慶典的話，每年夏天在中央公園舉辦的露天音樂祭Taiwanese Waves，就是紐約臺灣人的夏日音樂盛事了。Taiwanese Waves歷年來邀請了許多優秀的臺灣音樂人來紐約演出，像是萬芳、魏如萱、落日飛車、旺福等，活動完全免費。這不僅是認識新朋友的好機會，也很適合帶著來自世界各地的友人，一起認識臺灣的音樂，一起創造美好的回憶。

1.駐紐約台北經濟文化辦事處，每年都會在皇后區植物園舉辦臺灣蘭花展，向紐約人們推廣臺灣蘭花的美麗／2.駐紐約辦事處舉辦的屏東在地舞臺劇《半島風聲相放伴》演出。能夠在大蘋果看到來自臺灣的演出，非常感動

金融 建立在美國的 信用分數

在美國留學工作，除了節省開銷、尋找折扣以外，同樣是花一塊錢，除了享受這一塊錢帶來的產品和服務以外，如果還能讓這一塊錢產生額外的價值，不僅是變相的省錢，長久下來更是可以累積一筆可觀的價值。大家可能有聽過的「用信用卡點數換回臺灣的機票」、「用信用卡的福利免費進機場貴賓室」等等令人稱羨的輕奢旅行體驗。要如何做才能達到那樣的程度呢？

如何開戶、存款、提款、匯款

剛來到陌生的城市，最重要的一件事，就是前往銀行開戶，把帶來的現金或旅行支票存進戶頭裡。要選擇哪一間銀行開戶呢？以留學生來說最常見的選擇就是摩根大通銀行(Chase Bank簡稱Chase)或美國銀行(Bank of America簡稱BoA)了。這兩間銀行在紐約都非常普遍，在全美各地也很常見。大家在選擇時可以考慮自己學校和住家距離哪一個銀行比較方便。

銀行開戶必備的證件與資料

選擇好銀行後，要如何開戶呢？首先要準備好你的護照、第二證件(留學生一般都是I-20或是美國學生證)、美國地址、美國手機號碼、Email。後面三個是銀行和你聯絡、寄資料卡片的聯絡管道，尤其手機號碼是收驗證碼的重要方式，所以最好是長期持有而非短期暫時的號碼。準備好上述資料後，你可以直接前往銀行或是先在網路上預約時段。到了銀行，和服務人員說你想要開戶，接著就會有專人帶你到專門的空間幫你辦理。

開戶完成後，記得務必要確認收到以下的資訊：Checking account和Saving account的帳戶資訊、完成網路銀行的設定、完成手機銀行APP的設定。同時你也會收到一組暫時的金融卡號碼，可以用來線上消費或綁定在手機裡實體消費。過幾週後你就會在信箱裡收到實體金融卡了。有了金融卡以後，日常生活中就幾乎不會使用到現金了。我自己在紐約出門錢包裡很少帶超過$30的現金，很多時候出門只帶一張信用卡和駕照，甚至是只帶手機出門，就能夠完成日常生活中所有的消費了。

Chase在紐約市的分行據點眾多，是不少剛來紐約的臺灣留學生銀行開戶的首選

建立在美國的信用分數

如何從臺灣匯錢來美國

家裡如果要匯錢來美國的話，國際電匯是一個很便利的方法。只需要提供以下的資訊給在臺灣的家人即可。以Chase為例：銀行名稱(Chase Bank)、Swift Code(CHASUS33)、Routing number(021000021)、你的帳戶名稱、你的帳戶號碼。最快一個工作天錢就匯進來了，非常方便。

「我再Venmo你」，我再轉給你的意思

在美國，朋友之間吃飯喝咖啡買東西，有人先代墊之後要轉錢給對方時，最常見最方便的方式有兩個。第一個是美國各大銀行(如：Chase、BoA、Capital One、Wells Fargo)手機APP裡都會有的Zelle，透過Zelle轉錢給不同的銀行的帳戶，是不需要收取任何額外的手續費。

第二個是Venmo，你可以透過信用卡或連結銀行帳戶，把錢存在Venmo的錢包裡，再透過Venmo轉錢給朋友，不會被收取任何手續費。而且Venmo錢包裡的錢也可以轉回你的銀行帳戶內，是一個在美國生活必備的APP。

內建在美國各大銀行APP內的Zelle。圖為Chase的APP介面

Venmo APP

提款與存款操作步驟

在紐約生活，平常出門幾乎不會攜帶太多的現金。如果已將信用卡存入電子錢包內，只要帶著手機和證件出門即可。如果生活中需要現金時，該如何提款呢？以下，一步步詳細介紹。

以Chase為例，最常見到的ATM機器

有些分行也會有像這種新型的ATM

STEP 1

開門刷卡

紐約各家銀行ATM都有門鎖，必須要感應或刷自家的金融卡門才會打開。

留學生一定要知道！美國銀行常見關鍵字

Checking Account 支票帳戶

用於日常領錢、存錢、開支票的帳戶，也是一般金融卡信用卡支出的帳戶。錢放在裡面基本上都不會有利息。

Saving Account 儲蓄帳戶

主要是用於儲蓄，因為這類型帳戶會有利息。一般來說平常消費不會動到這個帳戶。儲蓄帳戶也可轉錢到支票帳戶，反之亦然。不過有些銀行會限制每個月兩者之間轉錢的次數，這點需要特別留意。

College Checking 大學生帳戶

以Chase為例，僅限17～24歲的學生開戶，必須到銀行辦理。通常會有免每個月的服務費或像是$100的開戶獎金。

Direct Deposit 直接存款

對大部分來美國工作留學的人來說，每個月公司或學校直接匯入個人帳戶的薪資就是direct deposit。值得注意的是，自己或別人銀行帳戶轉來的錢、現金存款或存支票都不算是direct deposit。

Monthly Service Fee 每月帳戶固定的服務費

依帳戶的等級可能會被收取$12～25不等費用。但其實這個費用可以很容易被避免。以Chase checking account為例，原本每個月的服務費是$12，但只要你每個月至少有$500的 direct deposit電匯入戶頭、或此帳戶裡「每一天」的存款至少有$1,500、或在所有Chase相關聯的帳戶裡平均每天至少有$5,000的話，就不會被收取服務費。

STEP 2
輸入銀行密碼

跟在臺灣一樣，插入或感應金融卡以後輸入密碼。記得留意周遭有沒有奇怪的人士。

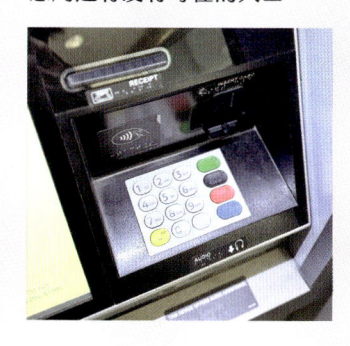

STEP 3
進行提款或存款

進到這個畫面後，選擇你想要進行的服務。若是選擇存款的話，記得把紙鈔用整齊，並且確認機器點的金額與實際的金額是否相同。

STEP 4
完成交易，選擇收據類型

若是提款的話，如圖所示可以選擇紙鈔的大小。最後，機器會詢問你收據的類型，你可以選擇印出紙單、電子郵件或是寄送簡訊。

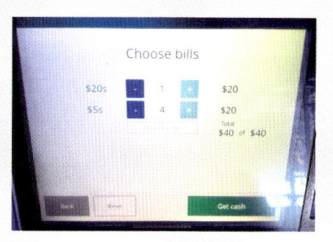

建立在美國的信用分數

美國人的「身分證」：
社會安全碼 SSN

社會安全碼(Social Security Numbe，簡稱SSN)，是在美國生活最重要的一組號碼。主要的目的是用來追蹤每一個人的報稅資料，不過實際上來說，SSN已經成為類似身分證號碼般的存在。美國公民在出生時會取得SSN，綠卡持有者必須申請SSN。外國籍人士在美國工作有收入的話，也要申請SSN來報稅。

對碩班留學生來說，有沒有SSN並不會對完成學業有任何影響。不過有了SSN以後，可以開始建立在美國的報稅資料與信用紀錄，這對想長期在美國生活有很大的幫助。更重要的是，有了SSN以後就可以開始申請美國信用卡，能夠開始享受美國信用卡的優渥福利，讓日常消費的折扣更上一層樓。

碩班留學生要如何取得SSN呢？最快速的方法就是在學期間參加校內打工，打工有薪資收入就必須報稅，就符合申請SSN的資格。或者畢業後到了OPT實習，外國留學生在這個階段也符合資格可以申請SSN，這是最多碩班留學生取得SSN的方法。至於博班留學生，因為博士班獎學金提供的生活費要報稅，所以博班新生剛來美國入學時就必須申請SSN。

剛來美國的臺灣留學生，通常是不能利用網路來報稅的，必須將報稅資料印出來簽名後，前往郵局將資料寄出

及早建立你在美國的信用分數

取得了SSN，下一步就可申請福利優渥的信用卡了嗎？還要再等等，因為此時的信用分數還不夠。什麼是信用分數呢？在美國有三大信用報告機構(Experian、Equifax和TransUnion)，他們會定期收到來自銀行或政府機關的報告，針對每一個人的銀行帳戶紀錄、信用卡資料、還款貸款資訊等等金融紀錄整理，彙整出一份報告，並計算出每一個人的信用分數(credit score)。

各信用機構根據其收到的資料和模型，計算出來的信用分數不一定相同。目前在美國，最普遍的信用分數是由Fair Isaac Corporation(簡稱FICO)公司的模型所計算出來的，簡稱FICO score，最低300分，最高850分。一般來說，740分以上就是非常好的信用分數。信用分數高可以有什麼好處呢？除了容易申請到高福利的信用卡以外，申請房貸或車貸時，也比較容易可以拿到低利率，可以省下一筆不小的錢。

留學生提高信用分數，最重要的關鍵因素

要如何提升信用分數？從留學生的角度而言有5個關鍵指標：還款紀錄(payment history)、負債金額(amount you owe)、信用歷史長度(length of credit history)、信貸類型(credit mix)與新開帳戶(new credit)。

還款紀錄：不用說，一定要每個月把帳單繳清(只付minimum payment的話，不會對信用分數造成影響，但是會被銀行收取高額利息)。如果信用卡太多怕忘記繳的話，可以設定自動付款或者把信用卡繳費日設定在每個月的同一天，這樣就不會忘記繳款了。

負債金額(也稱為credit utilization)：是指每個月的信用卡帳單上，你的欠款金額與信用額度的比例。舉例來說，一張信用額度$10,000的信用卡，如果刷了$9,000的話，負債金額比例就是90%。這個比例過高或過低都不是一件好事，一般來說會

建議保持在30%以內。但如果有時有高額的開銷該怎麼辦呢？你可以在帳單出來前，先還清一部分的欠款。以上述為例，先付清$7,000，帳單出來的時候上面就只欠款$2,000，保持在30%以內的比例。

信用歷史長度：這也是為什麼盡量越早開始建立信用歷史越好。更重要的是，初期新手階段開的卡片最好一直保留著，因為如果關掉的話會對信用歷史產生很大的影響。

信貸類型：如果一個人身上有多元的信貸類型(如信用卡、房貸、電話費、水電費等等)的話，信用分數會比較高。

新開帳戶：近期內開了多少新的信貸帳戶。這裡就要提到所謂的hard pull與soft pull。想像一下如果你要申請新的信用卡或信貸，銀行一定會想要查詢你的信用分數，這個查詢的動作就是hard pull；而如果只是你自己想要查查看自己的信用分數或雇主做背景調查，這就是soft pull。

Hard pull會影響信用分數，soft pull不會。hard pull必須要本人同意，soft pull不用。這也就是為什麼不建議短時間內開過多的信用卡，因為每開一張信用卡就必須hard pull，會影響信用分數。

控制好每個月信用卡的負債金額，是很多留學生不知道的概念。在帳單出來前先繳清部分負債，可以有助於信用分數的增加。圖為美國四大銀行之一 Wells Fargo(富國銀行)

美國信用卡：
豐厚福利優惠的代名詞

在一開始信用分數不高，信用歷史短的狀況下，該怎麼一步一步培養信用紀錄呢？信用卡的申請策略又是什麼呢？

信用卡新手首選：Discover it

留學生圈子內，大家一致推薦的新手開卡首選，就是Discover it的信用卡。這是一張零信用紀錄也可申請、免年費、直接現金回饋的信用卡。雖然一開始的信用額度很低，但是所有的消費都有1%現金回饋，對新手來說是很不錯的開始。更特別的是，這張卡每一季會有特定類別5%現金回饋，像是餐廳消費、串流服務、超市買菜、PayPal消費、Amazon購物等等。也因為免年費，所以這張卡不用的話可以一直保留，把信用歷史維持下去。如果不想花時間研究點數里程的話，這張卡是非常好用的日常必備神卡。

第二張優先選擇大通銀行信用卡

申請到第一張美國信用卡後，定期還款大約半年到1年左右，就可以開始嘗試申請下一張信用卡了。此時我強烈建議大家，優先考慮選擇Chase (大通銀行)的信用卡，除了福利豐厚以外，他們家的點數系統還可轉點至眾多航空公司與飯店集團。更重要的是，Chase有一個非常嚴格的申請規定：5/24政策，申請者若在過去24個月內新開超過5張信用卡(任何銀行，不只是Chase的信用卡！)的話，不論申請者的信用分數再高，也一定不會通過審核。

美國信用卡另一個很棒的優惠是，有機會獲得飯店的高階會員，進而使用飯店的會員福利。圖為東京希爾頓飯店的行政酒廊早餐

建立在美國的信用分數

因為這個嚴格的政策，所以建議大家先攻略Chase家的信用卡，把有興趣的卡都拿到手後，再去考慮其他家。除了Chase以外，美國運通(American Express，簡稱Amex)也是很多人愛用的信用卡。尤其Amex的點數系統也可以轉點到許多航空公司里程和飯店集團會員，他們的信用卡也有提供旅行延誤險、租車保險、延伸保固和購物保障等服務，理賠申請過程簡單不囉唆，讓很多人讚不絕口。

點數兌換臺美商務頭等艙機票

美國信用卡點數是一門高深的學問。卡片福利瞬息萬變，各家銀行點數與航空公司里程的價值也時刻都在變動。有很多專業「玩點數」的里程玩家，每天都在研究如何用最少的點數，換到商務或頭等艙的機票。我自己也利用平常消費累積的點數，換了好幾趟臺灣到美國的來回機票。除了機票和機場貴賓室以外，飯店集團的高階會員、房型升等與行政酒廊，都是美國高階信用卡常有的福利；另外像是Uber或Lyft的叫車服務、UberEats或DoorDash的外送優惠、特定商家的消費購物折

能夠使用機場貴賓室，在寬敞的空間內休息放鬆、享用美食或專心工作，再漫步前往登機門登機，是信用卡最棒的福利之一。圖為桃園機場貴賓室

扣等等,美國信用卡的福利不只體現在飛機和旅館,在日常生活中,也可以享受到眾多的優惠與折扣。

最後當你的信用分數高到一定程度後,要開哪張信用卡就可以隨心所欲了。旅行卡?飯店卡?買菜卡?考量自己平常消費的主力,選擇相對應的信用卡回饋類型。最重要的是,務必謹慎評估自己的消費能力,因為高福利的信用卡往往也伴隨著高年費,且信用卡福利如果一年用不到幾次的話、或是累積的點數無法兌換成機票或飯店的話,福利再高點數再多也是枉然。

美國高階信用卡在全世界多處都提供優惠福利,是很多旅遊玩家飛行常客的出遊必備工具。圖為韓國仁川機場貴賓室

TSA PreCheck和Global Entry:臺美空中飛人必備

美國Chase或是Amex高階信用卡多半都有提供此福利:可報銷全球入境計畫(Global Entry)的申請費用。全球入境計畫是美國海關及邊境保衛局的一項快速入境美國方案。參與此計畫國家的國民,可在入境美國時走專屬的通道,利用機器自助通關,大幅降低入境美國的排隊時間,可以說是常飛美國必備。

美國以外,全世界只有20個國家符合資格,臺灣就是其中一個!除此之外,成為全球入境計畫會員後,也會自動給予TSA PreCheck的會員。在美國境內機場出發時,不論是飛國內線還是國際線,TSA PreCheck會員擁有專屬的安檢通道。重點是,安檢時不需脫下外套,也不用拿出包包裡的平板和筆電,既快速又便利。

全球入境計畫的會員入境美國機場有專屬的通道。圖為長榮飛紐約抵達JFK機場的場景。以我當天的經驗來說,儘管班機座位全滿,但專屬通道沒有任何排隊。從抵達移民檢查關卡到入境,全程不到5分鐘

建立在美國的信用分數　**NY**　185

購物折扣找優惠

Shopping

美國是標準的資本主義國家，資本主義其中一個很大的特色，就是不斷鼓勵消費者大量消費。要如何鼓勵消費呢？優惠的購物折扣就是很好的動力。利用這個特色，大家在美國生活時，在某些特定的時刻或某些特定的店家，往往會找到一些令人意想不到的優渥折扣。

在美國消費哪裡有折扣優惠

在前面篇章提到省錢祕訣買衣服找折扣時(見P.153)，有跟你分享在一些折扣店像是Burlington、Marshalls與T.J. Maxx裡面可以尋寶找到便宜的名牌衣服。事實上，這些店裡不只是衣服有大量折扣，像是包包、鞋子、行李箱，甚至是化妝品、香水、運動用品、廚房用品等等都有販賣。這些商店在美國，可以說是省錢購物找折扣的好朋友。

想要找優惠，除了地點以外，時間也很重要。在美國最有名的大量優惠折扣出現的季節，就是一年一度感恩節後的週五，俗稱黑色星期五(Black Friday)；以及隔週的星期一，俗稱網路星期一(Cyber Monday)。在這段期間，定價打8折、7折以上是很常見的。尤其像是電視、螢幕、咖啡機、廚房用具、吸塵器等高單價的商品，通常此時都會有很不錯的折扣。所以大家平常可以先忍著，到了感恩節購物季這段期間再一次購買。

以外，網路電商Amazon也會在每年夏天左右，舉辦會員專屬的兩天大促銷活動Amazon Prime Day，基本上各種類型的商品都有可能會有很棒的折扣。如果不是Amazon Prime會員也沒關係，因為許多商家像是Target和Macy's，為了應對Amazon這段期間的促銷，也會推出不少商品的折扣優惠。大家可以把握這段期間，入手有興趣的禮物或商品。

最讓人驚喜的返臺伴手禮清單

由於在美國買東西常會出現很優惠的折扣，所以從美國帶禮物回臺灣送人，提前採買網購各式各樣商品，行李箱內塞滿禮物，是不少臺灣留學生們每年返臺時的共同回憶。

從美國帶禮物回臺灣，一般來說最常見、最划算、最受到喜愛的有以下幾種：品項豐富的營養保健食品、時髦運動衣物或戶外品牌、流行的彩妝保養品、護手霜、最新最先進的手機平板電子產品，或者是給父母長輩們的奢華精品與包包服飾。然而除此之外，有沒有哪些帶回台灣的禮物是，既適合拿來送禮，又能夠讓對方留下深刻的印象呢？

根據個人多年的經驗，適合帶回臺灣送人的禮物，必須要符合以下特徵：臺灣買不到、有美國當地特色、臺灣人普遍接受度高、好攜帶易收入行李箱、包裝好看、保存期限長。綜合以上特質，對於在美國生活的留學生來說，我認為最適合帶回臺灣當作伴手禮的，就是 Trader Joe's的系列商品。

Trader Joe's不只是平常買菜的超市,他們自有品牌的零食、餅乾、巧克力,其實也受到非常多人的喜愛。而且Trader Joe's的甜點外包裝盒,普遍都很好看或是很有自己的特色,光是拿出來就能夠吸引大家的好奇與目光。因此大家平常去Trader Joe's買菜時,不妨可以嘗嘗看從未見過的餅乾或巧克力。若是找到喜歡的口味,要回臺灣時可以一次多買幾包,送禮自用兩相宜。

私心推薦Trader Joe's最佳伴手禮

Trader Joe's超市有哪些餅乾和巧克力,是絕佳的返臺伴手禮呢?我最推薦以下四款產品:

- **Trail mix crackers**:由綠豆、葡萄乾、堅果、起司等所組成的綜合餅乾,口感層次豐富又美味,一吃就停不下來。
- **Cocoa truffles(可可松露巧克力)**:入口即化的巧克力,帶出完美平衡的甜味與苦澀。
- **Cocoa baton wafer cookies(巧克力捲心酥)**:經典的酥脆外層,蘊含綿密巧克力內餡。吃一口就讓人難以忘懷的美味。
- **Coffee lover's espresso beans(巧克力咖啡豆)**:這是我最推薦的伴手禮,外層甜蜜的巧克力包裹內層濃郁的咖啡豆,外軟內脆,相當特別。

以上推薦的伴手禮,他們都是封面設計好看有質感,口味接受度高,價格便宜;再加上保存期限長,且容易攜帶放進行李廂,尤其是最後一款巧克力咖啡豆,是臺灣相對少見新穎的商品,非常適合一次買多包帶回臺灣,拿來分送給親朋好友們。

1.Coffee lover's espresso beans巧克力包裝小巧,很容易塞入行李箱,是我每次返臺必備的伴手禮／2.Cocoa baton wafer cookies巧克力捲心酥,在美國臺灣人社團間很有名,是普遍公認的美味／3.Cocoa truffles可可松露巧克力受歡迎的程度是甚至有人在代購此商品／4.Trail mix crackers好吃到我會放幾包在學校抽屜,作為下午茶或讀書時的小點心

Trader Joe's的神奇魅力

　　這間1960年代創立於加州的超市，跟美國其他超市很不一樣——沒有會員制、沒有網路購物、沒有折價券促銷、甚至連外送平台代買取貨也沒有，但這間超市卻長年受到消費者的喜愛。近年在網路上，更是出現了越來越多的忠實粉絲。這是為什麼呢？

　　大家一進入Trader Joe's店內就會發現，這裡絕大多數商品都是自有品牌。一般市面上找不到的產品，加上獨特的美學與吸引人的文字，使你產生一股強烈的好奇心，想要把每個商品都買來試試。更厲害的是，Trader Joe's常會推出新產品與季節限定商品，像是甫推出便搶購一空的韓國飯卷、每年春末夏初的紫薯冰淇淋、秋天限定的楓糖燕麥奶。其他地方找不到的產品，加上偶然發現的新品，使你在逛Trader Joe's時有一種其他超市從來沒有過的感受——尋寶的快樂。

　　「我今天在Trader Joe's發現了這個！」「Trader Joe's的季節商品又來了！」於是，透過口耳相傳與社群平台的擴散，Trader Joe's吸引了一批又一批的粉絲。省下來的廣告費加上對自有商品的成本控制，反映在價格上直接回饋給顧客。進而吸引更多的消費者，形成正向的循環。

　　更令你感到不可思議的是，甚至連Trader Joe's的購物袋和保冷袋，都是超級熱銷的商品，需要一早排隊搶購、限購、買到後還會在社群媒體上分享喜悅。這個熱潮還橫跨了太平洋。在日本，Trader Joe's的購物袋甚至成為了一種時尚單品，會出現在潮流選物店裡的架上呢！

1. Trader Joe's的購物袋顏色鮮豔活潑、圖案創意有趣，受到不少人的喜愛。尤其是經典款的迷你環保袋，剛推出時甚至掀起了排隊搶購代購熱潮／2. 來自臺灣的黑糖珍奶。微波不到1分鐘即可上桌，而且神奇的是珍珠依然保有QQ的口感。包裝內附有紙吸管，非常方便

留學美國，十大必考慮問題

NEW YORK

NY

出國留學，絕對是人生中最重要的決定。

每一位留學生，儘管有著不同的留學故事，但相同的是，大家的人生都可以被劃分成留學前與留學後兩個階段。出國留學，就是一個這麼重要的人生節點。

在決定出國前，有哪些事情是你要先知道的？有哪些事情是我希望當初可以有人告訴我的？這個篇章，希望可以幫助到所有對留學有興趣或感到好奇的大家。

1 我適合出國唸書嗎？

念完書後的可能出路

考慮留學前，最重要的就是要知道為什麼要出國？拿到學位後有哪些出路？

以生醫領域博士為例，除了走學術路線成為教授以外，目前在美國有越來越多的畢業生選擇直接進入藥廠、生技公司、投資顧問公司。在其中**擔任研發人員**、顧問諮商、臨床試驗人員等等，一起為科學發展貢獻心力。

留學的經濟考量

投資留學是否值得？大部分是由你自己決定的，想要在國外學到什麼知識技能？想要建立什麼樣的人脈？想要把眼界拓展到什麼程度？經濟因素固然是出國最大的阻力，但如果我們能把這份阻力轉為動力，用這份動力來驅動自己的話，我相信，投資留學帶來的收益，絕對會是無與倫比的豐厚。

出國唸研究所，年齡完全不是問題

「我已經ＸＸ歲了，現在留學會不會太晚？」答案是絕對可以的。我的碩博班同學們，一半以上都是工作一兩年後才來念書，年齡從22到35歲都有。甚至有些同學是出社會好幾年後再回來攻讀學位的。

1.2016年8月11日，台北飛紐約的飛機，獨自一人來到紐約，展開全新的生活／2.NYU Langone Health，位在曼哈頓中城緊鄰東河(East River)，是一個由數間醫院、多間基礎和臨床的研究中心以及醫學院所組成的大型醫學中心。也是我每天上課、研究、做實驗的地方／3.紐約市曼哈頓，絕對是全美國，乃至於全世界生活費最昂貴的城市之一

2 出國念書，選擇美國的原因？

美國科學研究的優勢

出國留學，是人生中的重要抉擇，也是對自己的巨大投資。所以，在哪一個國家留學才能帶給我們職涯發展最大的幫助？是決定出國留學後，下一個必須仔細思考的問題。

在可預見的未來內，在許多的專業領域中，美國，依然是最頂尖的國家之一。尤其是在生物醫學研究與生物科技創新這方面，包括匯集眾多世界頂尖的大學研究機構、擁有雄厚的政府與私人研究經費、令人憧憬的生活型態和居住環境等，美國是普遍被認為最有競爭力的國家。也因此，全球生物醫學研究重鎮，前四名全部都是在美國(紐約、波士頓、巴爾的摩—華盛頓特區與矽谷灣區)。事實上，如此人才與資金高度集中的優勢，不僅只存在於生物醫學領域，在很多的專業領域中，也都是如此。

美國生醫研究的潛在劣勢

人才與資金高度集中，的確為美國生醫研究帶來巨大的優勢，但也因為資源高度集中，使得生醫研究成為高度競爭的環境。在學術圈中，publish or perish(不發表就死亡)的現象更是顯著；而在業界，由於研究方向的調整，一夜之間關掉整個研發部門，這件事並不罕見。競爭激烈所導致的高壓環境，是美國生醫研究的劣勢，也導致許多科學家們在工作與生活間失去平衡，進而選擇前往歐洲，同樣也是生醫大國(如：德國、法國)，但更注重生活品質的國家。

1.匯集了眾多世界頂尖的人才。美國在許多專業領域都是全球排名數一數二／2.雄厚的科學研究資金，是美國吸引人才的重要原因／3.令人嚮往的生活型態，也讓美國成為不少人留學移民的首選

3 3個重點！幫助你選擇適合的學校

在紐約，永遠都可以找到喜歡的人、事、物

如果你也跟我一樣，熱愛城市生活，而且喜歡在都市中步行探索冒險的話，紐約、波士頓、芝加哥等美國著名的walkable(可步行性)大城市，是你在申請學校時很值得考慮的選擇。

我當初在申請博班時，絕大多數申請的學校都是坐落在上述的城市內，其中又以紐約的學校居多。還記得當年，我在面試某間位於曼哈頓的常春藤醫學院時，在**當天的晚宴上**，學校系主任非常自豪地跟我們說：「不論你的興趣是什麼、你的嗜好是什麼，在紐約，你永遠都可以找到你喜歡的東西。」的確，除了坐擁兩間常春藤名校與多所頂尖生醫科學研究機構以外，大蘋果的文化、歷史、建築、藝術、音樂、體育，都是世界數一數二且廣受世人喜愛的。

更重要的是，在這座城市裡，來自世界各國不同文化背景的人們齊聚一堂，超過200種不同的語言同時被述說著；在這座城市裡，超過1/3的人口都是在外國出生，就算是美國人也是來自全美各州；在這座城市裡，全世界最活躍的LGBTQ+社群蓬勃發展，各種身分認同都能夠找到自己的族群。紐約，就是這麼一座充滿獨特魅力、兼容並蓄的都市。不論你的國籍、種族、宗教、性別是什麼，你都可以在這座美麗的城市裡，找到屬於你的歸屬，以最真實的靈魂生活著。

Diveristy(多元文化)，是我認為描述紐約的魅力最貼切的字眼

如何選校？三大關鍵重點：

Point 1
該學校至少有3位你感興趣的教授

決定前來美國工作或留學以後，下一個問題是，該怎麼去選擇適合自己的學校呢？這裡有 3 個心得與你分享，可以幫助你選擇出最適合自己的學校。以生物醫學領域來說，第一點也是最重要的是：該學校有沒有你有興趣的研究教授？而且，至少要有 3 位有興趣的教授，才會建議考慮申請該學校。因為有時候，可能實驗室教授那一年不打算收學生、或是研究室資金不夠只能收 1 個學生等等，所以至少要有 3 位感興趣的教授，是比較保險的選擇。

Point 2
學校的排名與聲譽

這邊的排名指的是專業領域的排名，而非整體的排名。每個人對排名的看重程度不一樣，有人可能非全美前 5 或前 10 名的學校不念，有人可能只要前 50 名就好了，這點因人而異。但是不可否認地，學校的聲譽或名氣會對未來找工作有一定程度的影響，所以學校的排名與聲譽也是選學校時必須考量的。

Point 3
學校的地理位置

這點是很多臺灣人容易忽略掉的一點。有些臺灣人對於美國生活的概念只有一個單一的想像；但事實上，美國不是只有紐約、矽谷或德州，美國各地的生活差異極大。東岸還是西岸？城市還是鄉村？市區還是郊外？學校的位置會極大程度地影響你的生活型態、求學過程、甚至是未來找工作的難易程度。尤其若是來美國念博士班，這是一段動輒 5～6 年以上充滿不安與壓力的過程。因此，務必要選擇一個自己可以接受的生活環境，幫助自己調劑身心，緩解科學研究過程中的焦慮。

學校的地理位置其實非常重要。能夠在實驗室以外，有一個能釋放壓力的場域，是科學家生涯中非常重要的一件事。圖為日本音樂組合YOASOBI在紐約的演唱會

4 申請留學的準備資料

留學申請，學校所需的資料

大部分生醫研究所要求的申請資料不外乎：1.大學碩班成績單、2.個人履歷CV或Resume、3.Personal Statement(也有學校要求Statement of Purpose, SoP)、4.Research Statement、5.推薦信3封。

至於臺灣人常聽到的英語留學考試：GRE和托福，近年來變得越來越不重要。尤其是GRE，現在幾乎所有的美國生醫研究所都不要求GRE，甚至學校直白地說，就算**GRE成績寄**來我們也不會看。原因很簡單，因為有越來越多資料顯示GRE成績跟做科學研究能力無關；更重要的是，GRE的高昂費用還會把經濟困難的申請者排除在外，非常不公平。

至於托福，基本上若非母語人士的話，多數學校仍要求提供托福成績。例外的狀況是，若你的大學是在英語為主的學習環境的話，托福是可免除的。不過最近也有學校(如紐約大學醫學院)，開始取消外國人需要托福的規定，所以詳細規定仍以各校為主。

如何準備申請資料

首先，若已大學研究所畢業的話，成績單和個人履歷已經固定了，準備相對簡單。若還沒畢業的話，我真心建議一定要保持好的大學成績(GPA)。以臺大來說，只要A就有GPA 4.0，說實話真的不難。

至於 Personal Statement，這份文件是你在準備申請時必須花最多時間心思的，需要以「月」為單位來規畫。文件來回不斷修改、請同學看、請學長姐看，是很多人準備留學時的共同回憶。在Personal Statement裡，你要清楚地告訴學校：你為什麼想讀研究所？為何這個領域？為何想申請我們學校？你的未來規畫是什麼？為什麼要錄取你？你必須說服招生委員，你就是他們的最佳人選。

而Research Statement則是一份研究報告。你要告訴招生委員，你做了哪些研究？為什麼要做？怎麼做？發現了什麼？為什麼這個發現很重要？下一步是什麼？跟Personal Statement不一樣，Personal Statement的主角是你，而Research Statement的主角則是研究。

最後關於推薦信，有些臺灣人會有一種迷思：大咖教授寫的推薦信會比較有用。說實話，在臺灣的教授大不大咖，對國外學校來說並不是重點。最重要的是，幫你寫推薦信的教授是否真的認識你？是否真心推薦你？招生委員們每年至少看過上千封推薦信，而且他們自己也會寫推薦信，所以你的推薦信是來自真正認識你的教授？還是僅一面之緣使用了模板？其實非常明顯。而一封用了模板的推薦信，對申請來說是不會有加分效果的。

過來人的真心話分享

Point 1
不要浪費時間去衝高托福成績

如果學校說 100 分就夠了那就真的足夠了。不會因為別人 105 分你 100 分而不錄取你。把衝高托福的時間拿去準備 Personal Statement 跟 Research Statement 比較實在。

Point 2
不同的學校對國際學生有不同的偏好程度

舉例來說，紐約大學醫學院就對國際學生相當友善。所以在準備申請學校時，多方收集資料極度重要。你的身分是國際學生，卻花了時間金錢精力申請對國際學生沒興趣的學校，會非常可惜。

5 出國留學的預算安排

念碩士與念博士所需要的學費預算

　　美國生物醫學博士班，只要學校錄取你的話，都會提供全額的獎學金以及基本的健康保險。而且學校每個月還會提供薪水(stipend)。以紐約大學醫學院的博士班為例，學校提供給博士班學生一年的薪資是$54,000元。扣掉稅以後，這份薪水是足以負擔一個人在紐約的房租與生活開銷的。完全不需要從家裡拿一毛錢，甚至有機會可以存到錢。

　　美國碩士班的話則是幾乎沒有提供獎學金，必須自己負擔學費、保險與生活費。每個學校的學費計算方式略有不同。以紐約大學的文理研究生學院(Graduate School of Arts and Science)為例，1學分的費用(tuition)是$2,243元，而碩士的畢業要求是必須修畢36學分。所以再加上一些費用(fees)，光是碩士班的學費就大約需要$84,003元。這還不包含每個月的房租與生活開銷。

在紐約的生活費估算

　　在紐約生活，必要的三大開銷分別是房租，交通和餐費。其中，房租是最大的開銷，一般來說，留學生的房租大約會落在美金1,200～2,500元上下。至於交通費用，常見的通勤公車地鐵費用，一趟是2.90元。不過，如果7天內花費34元的話之

> 在紐約生活，如果願意花時間煮飯，準備每天的便當(meal prep)的話，會省下不少錢

後就不會再收費，等於第12趟開始是免費的公車地鐵，可以多加利用這個優惠。另一個交通省錢方法，是購買30天吃到飽的MetroCard，價格是132元。大家可以比較自己的通勤模式，找到最省錢的交通費用。最後是吃飯，在紐約，外面一餐最便宜也多半是15～20元以上。想要省錢的話，可能還是要自己煮飯買菜。採買食材的費用因人而異，我自己一個人一週大約會花費50～100元左右。

申請留學獎學金或貸款的可能性

出國留學最常見的獎學金，就是教育部的獎學金，有多種不同類型的留學獎學金，與美國相關的有：「公費留學考試」、「留學獎學金甄試」以及「世界百大合作獎學金」。這3種獎學金，基本規定都是限定攻讀博士學位(若藝術、建築、設計領域則亦可攻讀碩士)。彼此間的差異在於，公費留考的獎學金額是依留學地區而定，紐約是每年美金25,000元；留獎甄試是不分地區，固定每年美金16,000元；世界百大則是依合作學校而定，通常會包含學費、健康保險與生活費。此外，公費留考是需要筆試和面試的；而留獎甄試和世界百大則是以書面資料審查為主。詳細規定仍以當年簡章為準。

至於貸款，教育部也有與多家銀行合作提供留學貸款。貸款總額攻讀碩士是台幣120萬元，博士是台幣240萬元。特色是貸款利率低，且寬限期內教育部最高補貼全額利息。如果設籍在臺北市的話，推薦優先考慮臺北富邦的「臺北市青年留學生就學貸款」，不僅利率更低，而且貸款前10年(含寬限期)的利息，由臺北市政府最高補助全額利息。但值得注意的是，如果出境2年以上戶籍被遷出臺北市的話，可能會被停止利息補貼，還要返還自戶籍遷出日起之利息補貼給臺北市政府。這一點一定要多加留意。

紐約生活開銷最大的就是房租。如何選擇環境安全、價格合理的居住社區，是每個紐約人必做的功課

6 在美國留學，打工增加收入

擔任校內助教打工

國際學生F-1簽證在留學期間能不能打工呢？答案是可以的。先分成兩個類別：校內(on-campus)與校外(off-campus)。校內打工規定相對寬鬆，基本上沒有太多限制。我在碩士二年級時，曾擔任系上開設的課程Principles of Biology Laboratory的助教。這個課程類似普通生物學實驗課，是大一主修生物學的必修課程。我的工作是帶領兩個班級共100多位同學，講解當天要做的實驗原理，帶著他們一步步做實驗，每週改作業出考題，課外office hours回答同學的問題，期中期末出題監考，最後評定每一位同學的成績。

OPT、CPT 的實習限制

校外打工或實習則複雜許多。可再區分為CPT(Curricular Practical Training)與大名鼎鼎的OPT(Optional Practical Training)。兩者的雇主都是校外的公司，且工作性質都必須與主修專業相關。最大的差別在於，CPT的實習是課程(Curriculum)的一部分，是畢業的要求；OPT則是選擇性的(Optional)，跟畢業無關。換句話說，CPT一定是發生在畢業前；OPT則是可畢業前可畢業後。也因此，除非轉成其他簽證或綠卡，否則OPT是F-1學生畢業後想繼續留在美國工作唯一的方法。OPT原則上只有一年(除非是STEM=Science, Technology, Engineering and Mathematics專業可以延長)，所以OPT非常寶貴。再加上使用CPT有可能會影響到申請OPT，所以在申請校外實習時一定要仔細評估，預先做好規畫。

紐約大學除了醫學院外也有大學部。研究所的學生們有不少機會可以擔任課堂助教，帶領教導大學生。圖為有紐約大學校園之稱的華盛頓廣場公園(Washington Square Park)

7 遠距離戀愛的關鍵

用你的早安陪我吃晚餐，遠距離的挑戰

出國留學常遇到的另一個難題是，情侶之間面臨愛情與夢想的抉擇。畢竟，兩個人能同時成功申請出國且待在同一個城市，是一件非常罕見的事。因此，當一方決定要出國唸書時，另一半是否要一起跟著出國？還是先待在臺灣？要放棄原本的生活圈與朋友？還是要開始遠距離戀愛？

儘管很殘酷，但事實是，絕大部分的遠距離戀愛，最終都以分手收場。至少我周圍的朋友們皆是如此。觀察身邊極少數成功的案例後我發覺，遠距離戀愛能夠開花結果，最重要的關鍵在於：雙方對未來一定要有非常明確的共識；換句話說，彼此一定要清楚知道，遠距離的狀態什麼時候能夠結束。

誠然，充份的信任與規律的聯絡，能夠暫時緩解遠距離帶來的不安與焦慮；然而，若不知這個狀態何時能結束，再多的信賴與儀式感，恐怕也會被無盡等待與留學壓力消磨殆盡。

因此，強烈建議有意願走到最後的情侶們，在面對遠距離的挑戰時，鉅細彌遺地討論彼此對未來的規劃並付諸實行——何時會學成歸國？何時會一起來美生活？能夠在遠距離起跑前先看到終點線，會讓這段過程更加安心與順利。

執子之手，與子偕老。遠距離是對感情的艱難挑戰，但也是讓雙方成長，讓彼此成為更好的人很重要的過程

8 單身與已婚的留學生活大不同

家務分擔與生活開銷的差異

我身邊大部分有穩定另一半的留學生，不是來美國以後結婚，就是在即將來美前先結婚。結了婚以後最大的好處，就是另一半可以F-1或J-1眷屬的身分，申請F-2或J-2簽證。J-2簽證配偶可以念書和工作，F-2既不能工作也不能念書。

在國外念書工作壓力繁重，如果在這個階段有重要的人在身邊給予支持和鼓勵，這絕對會是心理上很大的溫暖與後盾。實際來說，有另一半可以分擔家務，煮飯洗**衣服打掃房間**，雙方互相扶持，在這新的城市裡一起打拼，是好伴侶也是好隊友。

生活開銷單身和已婚也是巨大差異。尤其如果一個人住的話，買菜時往往要在「量」和「價」之間做抉擇。買剛好的數量，價格太貴；買划算的價格，數量又太多吃不完，除非一次煮大量備餐，然後分裝成便當分好幾天吃。不過話雖如此，已婚的生活開銷絕對還是遠大於單身的。在紐約單身的生活開銷，拿博班獎學金生活費，是有機會每個月存一點錢的。但若是已婚的話，如果另一半沒有工作收入，只憑博班的獎學金，兩個人是很難在紐約生存下來的。

紐約居，大不易。不論是單身還是已婚，買東西多方比價找折扣，絕對是必備的技能

9 我說的英文，美國人聽不懂怎麼辦？

只要能通過語言考試，英文能力絕對足夠

能夠通過英文考試來到美國，大家的語言能力其實都已經非常足夠了。事實上，美國人自己在使用英文時也不是百分之百正確，像是單字拼錯、文法錯誤、語意不清，這些都是常有的事。固然在寫作時，這些錯誤是絕對要避免的；然而在口說時，特別是日常對話，一點英文的小錯誤絕對是可以被接受的。千萬不要因為過度糾結文法、用字或口音這些細節，而不敢開口說話。

如何克服跟美國人的口說障礙？其實真的就是那句老話：多聽多講。如果聽不懂對方說什麼，那就再問一次。如果對方聽不懂你說什麼，那就再講一次。我們是非母語人士去講對方的母語，有錯誤有瑕疵絕對是難免的。所以，多聽多講，自信地講出你想表達的意思，然後持續學習，才是最重要的。

多聽多講英文，聽到沒聽過的單字或用法就記下來。不只是學校裡面，校外的餐廳酒吧也是多聽多講的好機會。英文口說的進步，真的沒有想像中那麼困難

生活中不花錢學英文的方法

比起看美劇或電影，我更推薦用YouTube影片來學英文。尤其是Vlog與開箱文類型，前者有聊天對話，生活俚語超實用；後者能迅速學到單字片語來介紹產品、如何講優缺點。這對演講報告很有幫助，也會讓你的英文口說聽起來更道地。以下分享實際學習，簡單3步驟：

Step1：聽母語人士怎麼講？重點是要留意什麼場合用什麼字句？並且把首次聽到的用法記下來。

Step2：最重要的一步：「預判下一個字句是什麼」。聽對方講話時，你就要「預判」對方下一句是什麼。預判成功這個用法就變成你的；預判失敗就會得知原來還有其他用法，印象會更深刻。事實上，這個「預判」的過程就是「語感」的建立。

Step3：大膽地把新字句用在對話中。你會很有成就感，且永遠不會忘記。

10 來美國留學的行前準備

收到錄取通知後的第一步

拿到了錄取通知，收到學校的I-20以後，最重要的第一步，記得盡快開始申請學生簽證並預約面談。疫苗接種的證明文件亦要盡快開始申請(以紐約大學為例，必須要提供：麻疹腮腺炎德國麻疹MMR混合疫苗與腦膜炎雙球菌疫苗的接種證明)。除此之外，也可以開始尋找未來的房子，搜集當地的生活情報資料。也可試試在社群媒體上徵求一起來紐約唸書的室友。畢竟來美國之初會有很多事項需要處理，如果能在臺灣先完成一些事，心裡也會比較安定。

參加臺灣學生會的行前說明會

美國各地多半都有臺灣留學生社團或同學會。這些社團絕對會是你剛來美國，獲取最新資訊、結交新朋友最重要的平台之一。如何在銀行開戶、如何辦理健康保險、如何選課、遇到困難要如何與學校溝通聯絡等等，這些問題社團的學長姐們才剛經歷過，是最有經驗的一群人，詢問他們是最有可能最快得到答案的。

近年來，有越來越多的臺灣留學生社團，會在臺灣舉辦新生來美行前說明會。我認為這是很棒的機會，既可以迅速熟悉當地生活環境，也可以提前認識正在或即將來美念書的同學，務必把握機會參加。

踏出臺灣，來到國外。跟來自全世界同樣也是在追求自己夢想的人們，一起在這座城市中奮鬥。光是想到這點，就令人感到非常興奮。

那些重要的小事

買機票時記得買單程機票，安排回臺灣的行程會更有彈性。所有的重要文件(護照、簽證、疫苗接種證明、財力證明等)，記得拍照掃描備份在雲端硬碟。不要忘記預約健康檢查，看牙醫，剪頭髮等等，這些都是出發來美國前，很重要的小事。最後千萬要記得，跟朋友們聚餐，與家人們相聚，彼此約定好什麼時候要回臺灣，說再見的時候才不會那麼難過。

2016年剛來紐約時，參加由紐約大學舉辦的國際新生說明會(International graduate student orientation)。我在活動上認識了許多來自世界各地的朋友，不少人也在後來成為我的好朋友

真正實用的打包清單 Checklist

紐約什麼都有。上一代留學生常說，出國一定要帶臺灣的泡麵、餅乾、零食等，其實很多現在紐約都買得到了。當然紐約這邊一定比較貴，但這個價差值不值得占用寶貴的行李箱空間，或許每個人有不同的看法。以下匯集了紐約留學生們的多方意見，列出「真正實用必帶」「帶來紐約會讓你生活方便很多」的物品：

- **個人藥品**：最重要！在美國看醫生不若臺灣便利，除了個人的藥品以外，其他常備藥物像是感冒藥、止痛藥、腸胃藥最好也多帶一些。
- **隱形眼鏡、生理食鹽水和眼鏡**：絕對必帶，而且最好帶足夠量。在臺灣買隱形眼鏡配眼鏡實在是太方便了。強烈建議除了現役的眼鏡以外，也要多準備一副備用眼鏡。
- **衛生棉**：似乎美國的衛生棉很難用，好像沒有臺灣的來得舒服。在適應美國這邊的衛生用品之前，建議大家可依照個人需要從臺灣多帶幾包過來。
- **文具用品**：美國的文具很貴，如果在臺灣有習慣使用的文具，建議可以多帶一些過來。但文件資料夾除外，因為美國跟臺灣的紙張尺寸不同。附帶一提，如果你也是MUJI文具愛好者的話請不用擔心，在紐約有9間MUJI，文具、筆記簿、行事曆通通都可以在這裡買到。
- **厚重的衣物不用帶**：大部分留學生是夏天來紐約的，厚重衣物既派不上用場又占行李箱空間。而且紐約冬天會到零下十幾度，從臺灣帶來的外套可能無法抵禦紐約的寒冬，再加上冬季會有許多衣服的折扣，所以來紐約再添購衣物，可能會更划算實用。

紐約生領路，品味紐約
美國生醫博士候選人 KOL 帶給你最在地的紐約旅遊、生活、留學指南

作　　者	紐約生（許培豐）	
總 編 輯	張芳玲	
編輯主任	張焙宜	
企劃編輯	張焙宜	
主責編輯	張焙宜	
美術設計	許志忠	
封面設計	許志忠	

國家圖書館出版品預行編目(CIP)資料

紐約生領路，品味紐約：美國生醫博士候選人 KOL 帶給你最在地的紐約旅遊、生活、留學指南 / 紐約生 (許培豐) 作 . -- 初版 . -- 臺北市：太雅出版有限公司, 2025.09
　面；　公分 . -- (世界主題之旅；154)
ISBN 978-986-336-587-7 (平裝)

1.CST：遊記　2.CST：留學生　3.CST：美國紐約市

752.71719　　　　　　　　　　　114008869

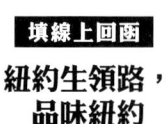

太雅出版社

TEL：(02)2368-7911　FAX：(02)2368-1531
E-mail：taiya@morningstar.com.tw
太雅網址：http://taiya.morningstar.com.tw
購書網址：http://www.morningstar.com.tw
讀者專線：(02)2367-2044、(02)2367-2047

出 版 者　太雅出版有限公司
　　　　　106 台北市大安區辛亥路一段 30 號 9 樓
　　　　　行政院新聞局局版台業字第五○○四號

讀者服務專線：(02)2367-2044 ／ (04)2359-5819 #230
讀者傳真專線：(02)2363-5741 ／ (04)2359-5493
讀者專用信箱：service@morningstar.com.tw
網路書店：http://www.morningstar.com.tw
郵政劃撥：15060393(知己圖書股份有限公司)

印　　刷　上好印刷股份有限公司　TEL：(04)2315-0280
裝　　訂　大和精緻製訂股份有限公司　TEL：(04)2311-0221

初　　版　西元 2025 年 09 月 01 日
定　　價　490 元

(本書如有破損或缺頁，退換書請至：台中市西屯區工業 30 路 1 號　太雅出版倉儲部收)

ISBN 978-986-336-587-7
Published by TAIYA Publishing Co.,Ltd.
Printed in Taiwan

填線上回函
紐約生領路，
品味紐約

reurl.cc/Y3ljNx

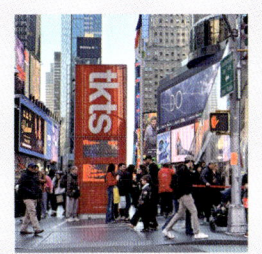

\Hi/
NEW YORK

NEW YORK \Hi/